Spiritus loci – vom Geist des Ortes
Ein spirituelles Reisebuch

Abtprimas Notker Wolf   Alfons Kifmann

SPIRITUS LOCI
VOM GEIST DES ORTES

Ein spirituelles Reisebuch

SCHNELL + STEINER

Abbildung der vorderen Umschlagseite:
Kreuzgang im Stift Heiligenkreuz im Wiener Wald

Abbildungen der hinteren Umschlagseite:
Bergischer Dom zu Altenberg
Wandmalerei in der Krypta des Klosters Marienberg
Příbram, der Heilige Berg der Böhmen

Frontispiz: Kloster Montecassino

Bibliografische Information der Deutschen Nationalbibliothek:
Die Deutsche Nationalbibliothek verzeichnet diese Publikation
in der Deutschen Nationalbibliografie; detaillierte bibliografische
Daten sind im Internet über http://dnb.dnb.de abrufbar.

1. Auflage 2014
© 2014 Verlag Schnell & Steiner GmbH, Leibnizstraße 13, 93055 Regensburg
Satz: typegerecht, Berlin
Umschlaggestaltung: Anna Braungart, Tübingen
Druck: Erhardi Druck GmbH, Regensburg

ISBN 978-3-7954-2905-8

Weitere Informationen zum Verlagsprogramm erhalten Sie unter:
www.schnell-und-steiner.de

Inhaltsverzeichnis

VOM GEIST DES ORTES

Wir Menschen brauchen und suchen Orte. Orte zum Leben und zum Sterben. Zum Fröhlichsein und zum Trauern. Zum Feiern und zur Ruhe. Zu Sport und Spiel, zur Unterhaltung und Erholung. Wir suchen Orte mit einzigartiger, unberührter Natur und Orte der hochentwickelten Kultur, der schönen Künste und der besonderen Architektur. Die touristischen Ziele ziehen uns ebenso an wie die Einsamkeit. Und allerorten suchen wir das Glück, jeder auf seine Weise.

Wir Menschen sind von unserer Natur her Nomaden. Erst seitdem wir sesshaft geworden sind, haben wir unsere intellektuellen Fähigkeiten ständig weiterentwickelt. Sie haben uns dazu befähigt, Orte der Hochkultur zu schaffen – aber leider auch dazu, die Natur auszubeuten und zu zerstören.

Vielleicht gerade deshalb wohnt in uns immer noch die unruhige Suche nach den Orten des Heils. Wir suchen diese Orte, ähnlich den Nomaden, vor allem dort, wo wir Nahrung und Wasser finden. Nicht ohne Grund besitzen Orte mit Wasser, mit Heilquellen für uns fast magische Anziehungskräfte. Gleiches gilt für spirituelle Orte. Wir sprechen hier vom *spiritus loci*, vom Geist des Ortes.

Gibt es diesen Geist des Ortes? Und wo können wir ihn finden?

Dieses Buch möchte versuchen, Antworten auf diese Fragen zu geben, und bei der Suche zu helfen. Ich stelle Ihnen in diesem Buch 31 »geistliche Kraftorte« vor und wünsche Ihnen, dass Sie den Geist, das Glück des Ortes spüren und dort den Zauber finden, »der uns beschützt, und der uns hilft zu leben«, wie es Hermann Hesse in seinem Stufengedicht ausgedrückt hat.

Mit herzlichen Segensgrüßen und Wünschen

Ihr
+ Notker Wolf OSB

DAS LEBEN ALS PILGERWEG, ALS REISE ZU UNS SELBST

Im Buch von der Pilgerschaft von Rainer Maria Rilke findet sich dieses wunderbare Gedicht:

Ich möchte viele Pilger sein

Du Gott, ich möchte viele Pilger sein,
um so, ein langer Zug, zu Dir zu gehen,
und um ein großes Stück von Dir zu sein:
du Garten mit den lebenden Alleen.

Wenn ich so gehe, wie ich bin, allein,
Wer merkt es denn? Wer sieht mich zu Dir gehen?
Wen reißt es hin? Wen regt es auf, und wen bekehrt es zu Dir?
Als wäre nichts geschehen – lachen sie weiter.
Und da bin ich froh, dass ich so gehe, wie ich bin;
denn so kann keiner von den Lachenden mich sehn.

Ja, es kann Jerusalem, Santiago de Compostela, Montecassino oder Vierzehnheiligen sein: Gott ist ganz gewiss an jedem Ort zu finden. Aber dennoch: Es zieht uns dorthin, wo Jesus Mensch geworden, gewesen ist, wo seine Heiligen gewirkt haben. Diese Koordinaten sind nicht verschiebbar, sie stehen für Einmaliges. Sie zeigen uns: Nicht der Mensch kann Orte heiligen, nur Gott macht Orte heilig.

Pilgerfahrten, meine ich, sind auch deswegen immer noch populär, weil uns die Idee einer Wallfahrt anspricht: durch eine Reise ans Ziel zu kommen. Ein religiöses, ethisches, emotionales oder nostalgisches Ziel. Letztlich sind wir selbst das Ziel, die Reise, ein Weg zu uns selbst.

WO DAS GLÜCK WOHNT

Diese Worte haben mich fasziniert und mein Leben lang in Bewegung gehalten:

Hoc loco habitat fortuna, hic quiescit cor
»An diesem Ort wohnt das Glück, hier findet das Herz Ruhe.«

Geschrieben, eingeritzt sind diese Worte in eine Fensterscheibe des Prälatensaales im Priesterhaus der Wieskirche, wohl mit einem Siegelring, wahrscheinlich vom Bauherrn, Abt Marian Mayr, um das Jahr 1755, als Kirche und Haus vollendet waren.

Die Worte des Abtes sind ein Jubel und Programm zugleich. Mehr noch: Sie drücken die immerwährende Sehnsucht des Menschen nach einem Ort aus, den er auf dieser Erde sucht und von dem er weiß, dass er ihn vielleicht, zumindest nach christlicher Überzeugung, erst im jenseitigen Leben finden wird: Der Ort des Glücks, der Ort, an dem unser Herz Ruhe findet. Der Autor beruft, bezieht sich auf den Kirchenlehrer Augustinus in seinen Bekenntnissen (Conf. I, 1) und auf den Psalm 62, der eine Ur-Sehnsucht der Menschen ausdrückt:

»Bei Gott allein kommt meine Seele zur Ruhe;
von ihm kommt mir Hilfe.«

Ein Leben lang suchen wir nach diesem Ort der Ruhe, der uns das Glück verheißt. Je mehr wir in diesem Leben eingefangen sind von geschäftiger Unruhe, von der Jagd nach Anerkennung, Liebe, Geld, Reichtum, Ruhm, desto stärker wächst in uns diese Sehnsucht nach dem Ort, an dem wir dem Ziel unseres Lebens am nächsten sind: dem inneren Frieden und der Harmonie zwischen uns und unserer Umwelt im Hier und Jetzt.

Wir können uns in den Schreiber des Glücksverses im Fenster des Hauses in der Wies gut hineinfühlen. Ein Ort voller Frieden, Harmonie und Schönheit inmitten einer großartigen Landschaft,

Hoc loco habitat fortuna, hic quiescit cor – »An diesem Orte wohnt das Glück, hier findet das Herz Ruhe«, eingeritzt in eine Fensterscheibe des Prälatenhauses neben der Wieskirche

vor der Kulisse des Ammergebirges. Ein Höhepunkt sakraler Baukunst, hineingestellt in eine Wiese, überraschend groß, wenn man sich der Wallfahrtskirche nähert, ja mächtig, aber nicht erdrückend. Im Innern ein einzigartiges Kunsterlebnis in einem lichten, hohen Raum, jubelnde Architektur und eine figürliche und malerische Ausstattung, die in jedem Detail die Liebe ihrer Schöpfer ausdrückt.

Ja, hier wohnt das Glück, hier findet das Herz Ruhe.
Und doch weist hier ein Fingerzeig auf das Schicksal, das auch dem widerfährt, der den Himmel auf Erden nicht nur sucht, sondern auch schaffen will: Das Glück des Erbauers, Abt Marian Mayr, währte nur kurz. Weil er sein Kloster mit dem Bau der Wieskirche in hohe Schulden gestürzt hatte, musste er bald nach deren Vollendung abdanken und ins elsässische Exil gehen.

Wir suchen den Ort, wo das Glück wohnt, unser *Shangri La*, an den zahllosen Orten unserer Phantasie. Das wunderbare daran ist: Wir können diesen Ort überall auf der Welt finden. Wo immer unsere Vorstellungskraft diese Orte vermutet, wann immer wir in unserem Innersten bereit sind, daran zu glauben, dass dies der Ort ist, an dem ich Glück, Frieden, Ruhe finde, werden wir dort einkehren können. Es sind die Augenblicke, fixiert auf Orte, die uns geschenkt werden, wenn wir sie herbeirufen, herbeibeten.

Ich habe diese Orte vor allem in sakralen Bauwerken, in Kirchen und Klöstern gesucht. Weil sie dafür geschaffen sind, Frieden und Einkehr zu gewähren. Weil sie Orte der Stille sind, auch und gerade dann, wenn sie inmitten von Städten liegen, mitten in der lärmenden Welt. Ich erinnere mich an die kleine neugotische Kirche in der Altstadt der koreanischen Metropole Seoul, die umgeben ist von viel größeren, höheren, sachlichen Bürogebäuden. Ich musste sie suchen, denn sie hatte sich fast verkrochen in einer Welt, in der sie nur ein Fremdkörper ist. Sie hatte erstaunlicherweise den großen Krieg in der Mitte des 20. Jahrhunderts fast unbeschädigt überstanden, als Seoul fast vollständig zerstört wurde, nur noch 60 000 Einwohner in den Trümmern vegetierten.

Oder, eine Parallele, die St. Patricks-Kathedrale in Midtown-Manhattan, ebenfalls neugotisch, nur viel größer. Auch sie verschwindet fast unter den Giganten der Wolkenkratzer von New York, dem Sinnbild des profanen Strebens nach oben. Und doch ist sie ein in diesem Umfeld geradezu notwendiger Ort der Stille und des Loslassens.

Erfahren Sie diesen Urwunsch nicht ebenso? Wo immer wir uns in einer »unnatürlichen Umwelt« bewegen – und dazu sind wir im beruflichen wie im privaten Leben meist gezwungen – desto mehr suchen wir die kleinen Refugien, in denen wir durchatmen, nach innen hören können. Als ich in Tokyo, dem vielleicht größten »Steinhaufen« der Welt, einer kaum übersehbaren Megapolis ohne die sonst für Riesenstädte typischen »Landmarks«, Orientierungspunkte, versuchte, vom Hotel aus im Stadtteil zu bummeln, ohne mich zu verlieren, stieß ich auf ein üppig bepflanztes Schulgelände mit Sportanlagen. Dann hörte ich das Läuten von Kirchenglocken und ging ihnen nach, bis ich zu einer kleinen Kapelle kam, in der gerade eine Trauung stattfand. Einer der Gäste – er kam aus der Schweiz – klärte mich auf: Es war die Kirche der katholischen Universität von Tokyo.

Ich liebe Orte, die Distanz haben und bieten: Wann immer ich dazu Zeit habe, fahre ich auf eine Anhöhe über dem Westufer des

Ammersees. Dort, von einer Bank zwischen zwei Pappeln, blicke ich über den See hinüber zum Kloster Andechs auf dem »Heiligen Berg« der Bayern. Oder ich fahre, wann immer ich Zeit habe, zur Vesper nach St. Ottilien und setze mich im Garten vor der Kirche auf eine Bank und meditiere, vor mir bei klarem Blick die Alpenkette.

Ähnliche, fast überirdische Empfindungen erlebe ich immer wieder, wenn ich vom Inntal aus zum 1000-jährigen Kloster St. Georgenberg auf einem hohen, steilen Felsen über tosender Schlucht hinaufwandere, oben auf der kleinen Terrasse raste und die Aussicht auf die gegenüberliegende Bergkette genieße. Wenn ich dann am Abend in der kleinen barocken Klosterkirche bete, die nur vom ewigen Licht am Altar schimmernd beleuchtet ist, spüre ich den Geist ewiger Geborgenheit.

Tiefer Friede erfüllt mich, wenn an den waldumsäumten Fischteichen des Zisterzienser-Gründungskloster Morimond – der Name bedeutet »der Welt abgestorben« – sitze und mich im Spiegel des ruhigen Wassers in die Welt der Mönche versenke, die hier vor 900 Jahren Großartiges erbaut haben. Fast nichts davon ist übrig geblieben, fast nichts hat den Sturm der Französischen Revolution im 18. Jahrhundert überstanden. Und doch weht ihr Geist noch über der friedlichen, harmonischen Kulturlandschaft aus Wiesen, Wald und Wasser, die sie geschaffen und hinterlassen haben.

Dem Spiritus loci bin ich in seinen vielfältigsten Erscheinungen begegnet: dem Geist des himmlischen Geschichtenmalers Marc Chagall in seinem Glasfenstern in Sarrebourg, dem Geist des kontemplativen mittelalterlichen Klosterlebens in Heiligenkreuz und in Maria Laach, dem Geist der von der göttlichen Stadt Jerusalem inspirierten Baumeister der gotischen Dome in Altenburg und Laon. Und auch dem Geist des Glücks in der Wieskirche.

Habe ich ihn gefunden, den Genius, den Spiritus loci? Und wo habe ich ihn gespürt?

Ja, ich habe ihn gefunden, überall dort, wo ich ihn gesucht habe. Denn allein die Suche nach ihm macht bereits glücklich, schenkt Sinn. In ihr erfüllt sich bereits die Sehnsucht nach dem Guten, Wahren, Schönen. Man muss ihn nur ernsthaft suchen, den Geist, der an diesem Ort wohnt und doch überall gegenwärtig ist.

DAS
SPIRITUELLE REISEBUCH
Seine Ziele

ALTENBERG, »BERGISCHER DOM«
Ruheort nahe Köln

Meine erste Begegnung mit Altenberg ergab sich bei einem Besuch in Köln, wo meine Gastgeber mir empfahlen: Diesen Ort musst Du kennen lernen – in unserer Diözese gibt es keinen mit einer größeren monastischen Tradition wie diesen.

Ich war und bin dankbar für diesen Rat. Die Lage des ehemaligen Klosters ist, nach Tradition der Zisterzienser, wohl gewählt: im Tal der Dhünn, eines Nebenflusses der Wupper, also am Wasser, abgeschieden, waldreich. Unsere Mitbrüder bevorzugten diese Orte, während wir Benediktiner vornehmlich auf Bergen und Hügeln siedelten, in der Tradition unseres Gründervaters Benedikt auf dem Montecassino. Noch bekannter für benediktinische Klostergründungen ist heute der Mont Saint-Michel vor der Küste der Normandie am Ärmelkanal, ein spiritueller Ort, dessen Geist und Geschichte wir in diesem Buch ebenfalls nachspüren.

Heute ist Altenberg, als Kloster 1803 säkularisiert und aufgelöst, ein Refugium für die Menschen im volkreichsten Bundesland Nordrhein-Westfalen: Kaum 10 Kilometer entfernt von der Industriestadt Leverkusen und 20 Kilometer von der Millionenstadt Köln, dennoch nicht auf Sichtweite, ist Altenberg als grüne Oase ein beliebtes Ausflugsziel. Die parkähnliche Anlage des ehemaligen Klosterbezirks und die schattigen Wanderwege entlang der Dhünn ziehen jedes Wochenende viele Tausend Erholungssuchende an.

Zugleich ist der Ort ein geistliches Zentrum für Katholiken und Protestanten gleichermaßen, denn die ehemalige Abteikirche, im Volksmund einfach der »Altenberger Dom« (obwohl nie Kathedrale), ist simultan genutzte Kirche für beide christlichen Konfessionen. Die ehemaligen Klostergebäude, die im 19. Jahrhundert noch der Produktion von Sprengstoff dienten, wurden zum Teil restauriert und finden heute als Seminar- und Schulungszentrum Verwendung. Der ehemalige Wirtschaftsflügel beherbergt ein Hotel mit Restaurant, das überwiegend von einem naheliegenden Chemiekonzern als Tagungsstätte genutzt wird.

Westfassade mit ehemaligem Konversenbau,
jetzt Bildungsstätte »Haus Altenberg«

Altenberg, Dom inmitten der Natur

Eine französische Kathedrale im Bergischen Land

Zuverlässig geschichtlich überliefert ist, dass im Jahr 1133 Graf Adolf von Berg seinem aus Morimond, einem der vier Gründungsklöster der Zisterzienser in der südlichen Champagne, zurückgekehrten Bruder Eberhard das Tal der Dhünn zur Gründung eines Klosters überließ. Von Morimond ging zu dieser Zeit eine europaweite Klostergründungswelle aus (siehe auch die Kapitel Heiligenkreuz und Raitenhaslach). Sieben Mönche machten sich umgehend an die Arbeit, rodeten, legten Sumpfgelände trocken – und bauten. Bereits zwölf Jahre später wurde der Chor der damals noch romanischen Basilika geweiht. Doch wurde nach einem Erdbeben gut hundert Jahre später, 1255, der Grundstein zu einem viel größeren gotischen Neubau nach dem Vorbild französischer Kathedralen gelegt.

Das Westfenster im »Altenberger Dom«, das himmlische Jerusalem

Die nach Zisterzienser-Art turmlose Abteikirche wuchs in der damals kurzen Bauzeit von 30 Jahren zu einer der vollkommensten Raumschöpfungen der Gotik in Deutschland heran: bescheiden-zurückhaltend im Schmuckwerk, dafür umso großartiger in der reinen Architektur, in den Proportionen ebenso wie in der Wirkung des lichten Raumes. So ist die Raumhöhe, 28 Meter, nach den Erfahrungswerten der Mönche so bemessen, dass beim Chorgesang die Stimmen melodisch aufsteigen und sich im Einklang mit der Architektur wieder vereinen.

Ich kenne keine andere gotische Kirche, weder Abtei-, noch Bischofskirche, die in ihren Maßverhältnissen, außen wie innen, und in ihrer architektonischen Klarheit so ausgewogen, so harmonisch ist wie der Altenberger Dom.

Chorkonzert im Altenberger Dom

Die rot und grün gefassten Kapitelle der schlanken Säulen symbolisieren beispielsweise die Vorstellung der Baumeister, den umgebenden Wald gleichsam in die Kirche hereinzuholen. Am meisten beeindruckt den Betrachter vielleicht die Westfassade mit einem der größten erhaltenen Buntglasfenster der Gotik aus den Jahren 1386 – 97, das Heiligengestalten in ihren Wohnungen im himmlischen Jerusalem zeigt. Im Abendlicht entfaltet die gold-rot-blau schimmernde Glasfassade ihre wunderbare Wirkung, wie ein Blick in eine Welt, die uns einmal erwartet. Wenn dann noch die große Chororgel erklingt, dürfen wir uns in Altenberg wirklich wie in einer anderen Welt fühlen.

Altenberg, »Bergischer Dom« – Ruheort nahe Köln

Gründungsjahr 1133 Fundator war Graf Adolf von Berg, erster Mönch sein Bruder Eberhard, der vom Gründungskloster Morimond, einem der vier Primarklöster der Zisterzienser in der südlichen Champagne mit sieben Mitbrüdern ausgesandt wurde

1145 Chorweihe der ersten romanischen Basilika

1259 Nach einem zerstörerischen Erdbeben Neubau einer hochgotischen Basilika nach dem Vorbild französischer Kathedralen

1386–97 Einbau des Westfensters, eines der größten erhaltenen Buntglasfensters aus der Zeit der Gotik

1803 Säkularisation nach 670 Jahren fruchtbaren monastischen Lebens und erzieherischen Wirkens. Als Folge teilweiser Abriss der Klosterbauten bzw. Nutzung als Sprengstoff- und Farbenfabrik

Ab 1860 Wiederaufbau der teilweise zerstörten Klosterkirche mit Mitteln des preußischen Königs Friedrich Wilhelm IV. und der bergischen Bevölkerung

Ab 1945 teilweise Nutzung als Seminar- und Schulungszentrum des Erzbistums Köln

BESONDERS SEHENSWÜRDIGE KUNSTWERKE

Madonna im Strahlenkranz in der Vierung

Westfenster, Chor- und Vierungsfenster aus erhaltenem Grisaille- und Buntglas

Homepage: www.altenberger-dom.de

KLOSTER ANDECHS
Der Heilige Berg der Bayern

Mit dem Heiligen Berg der Bayern – zumindest der Oberbayern – verbinden mich einige meiner frühesten Kindheitserinnungen: Sobald ich laufen konnte, nahm mich meine Mutter mit zur jährlichen Gemeindewallfahrt am Mariä Himmelfahrtstag nach Andechs. Von unserem kleinen Bauerndorf aus gingen wir – mit Fahne, Kreuz und Vorbeter – gut vier Kilometer über Feldwege hinunter zum Ammersee, setzten mit dem alten Wallfahrtsdampfer, der »Augsburg«, über den See und marschierten von Herrsching aus Litaneien betend durch das schattige Kiental wieder gut vier Kilometer und 200 Höhenmeter auf den Heiligen Berg. Für uns Kinder war das an heißen Tagen, und ich habe den 15. August nur als heißen Tag in Erinnerung, durchaus eine Strapaze, die wir nur in der Erwartung ertrugen, dass oben am Berg ein »Kracherl«, eine Zitronenlimo, auf uns wartete.

Vorher aber, um Punkt 11 Uhr, wartete der Wallfahrtspfarrer auf seine Entrachinger, die schließlich, nach alter Tradition, den Gottesdienst mit Musik und Chorgesang mitgestalten sollten. Wir Kinder durften dieses musikalische Ereignis auf der Empore aus nächster Nähe miterleben, was unseren Durst noch weiter steigerte. Erst dann, nach viel Weihrauch und dem Segen, durften wir uns durch die enge Kirchenpforte auf den Weg hinunter machen, in Richtung Bräustüberl und Biergarten.

Genuss für Leib und Seele

Dem Heiligen Berg Andechs kann man sich auch von der bequemeren Ostseite, vom Parkplatz aus, nähern, von dem aus der Moränenhügel nur noch gut 50 Meter bis zur Klosterkirche aufragt. Für manche ist selbst das schon zu hoch, denn sie halten bereits auf halber Höhe inne, am Bräustüberl und seinem einladenden

Die Wallfahrtskirche mit dem Hochaltar und den
Deckenfresken von Johann Baptist Zimmermann

Terrassen-Biergarten. Nach seinem vielversprechenden Leitspruch »Genuss für Leib und Seele« bleiben viele der Touristenpilger, und es sind mehr als eine Million jedes Jahr, bei den leiblichen Genüssen hängen, vor allem dem berühmten Klosterbier, den kaum weniger beliebten gegrillten Schweinshaxn oder den Brotzeiten mit Leberkäs und Romadur. Der geistliche Ruf des Berges bleibt dann nicht selten ohne Resonanz – das Fleisch ist halt schwach.

Historia …

Der Ort Andechs geht zurück auf eine frühmittelalterliche Burggründung der Grafen von Diessen von der gegenüberliegenden Seite des Ammersees. Das Geschlecht der Andechs-Diessener geht zurück auf seinen Ahnherren, den heiligen Rasso, einen Kriegshelden, der dem heiligen Ulrich, dem Bischof von Augsburg, bei der legendären siegreichen Schlacht auf dem Lechfeld im Jahr 950 als Feldhauptmann diente. Nach diesem Feldzug zog er sich in eine Einsiedelei auf einer Insel in der Amper zurück. Seine Gebeine ruhen in der dort erbauten barocken Wallfahrtskirche St. Rasso in Grafrath nördlich des Ammersees und weisen ihn als einen Hünen von nahezu zwei Meter Körpergröße aus.

In der Zeit der Staufer (1138–1245) wurden die Andechser zu einem der bedeutendsten Adelsgeschlechter des deutschen Mittelalters, mit einem Herrschaftsbereich von Meranien (Friaul und Kroatien) bis Burgund und Franken. Sie gründeten Städte wie Udine, Innsbruck, Kulmbach und Lichtenfels und hinterließen Bauwerke wie den Bamberger Dom (Eckbert II.). Aus der Familie gingen Heilige hervor wie Mechthild, Hedwig von Schlesien und ihre Nichte Elisabeth von Thüringen. Das Geschlecht starb 1248 im Mannesstamm nach einer Machtfehde mit den Wittelsbachern aus. Ihr Stammsitz Andechs wurde zerstört.

… et famula

Verschwunden blieb der Andechser Reliquienschatz, darunter die drei Bluthostien, die auf die Päpste Gregor den Großen und Leo IX.

Wallfahrer zum Heiligen Berg Andechs

zurückgehen sollen, und ein Dorn aus der Dornenkrone Jesu, den die Königin Agnes von Frankreich, eine Andechser Gräfin, von einem Kreuzzug mitgebracht hatte. Der Sage nach wurde der Schatz 1388 durch den Hinweis einer Maus während eines Gottesdienstes in der kleinen früheren Burgkapelle wiederentdeckt und zur Verehrung nach München gebracht.

Herzog Ernst von Baiern gründete 1438 als Sühne für die Ermordung der Augsburger Bürgerstochter Agnes Bernauer, der Frau seines Sohnes Albrecht III., ein Chorherrenstift in Andechs und gab die Reliquien zurück an den Ort, den er ihretwegen fortan den Heiligen Berg nannte. Albrecht III. wandelte das Stift 1455 in eine Benediktinerabtei um, die er mit Mönchen aus dem Kloster Tegernsee besiedelte. Damit beginnt die neuere Geschichte des Kloster Andechs und des Heiligen Berges.

Die Symbiose aus Frömmigkeit und Lebensfreude

Das Bild des heute weltweit bekannten Klosters Andechs ist von bayerisch-barocker Vertrautheit. Das Kloster wurde nach einem Brand 1669 neu erbaut, und der gotischen Hallenkirche wurde von begnadeten Künstlern wie dem Freskomaler und Stuckateur Johann Baptist Zimmermann, dem Bildhauer Franz Xaver Schmädl und dem Altarbauer Johann Baptist Straub ein festliches Rokokokleid übergestreift, das uns zur Andacht einlädt und inspiriert. Der Kirchenraum mit dem Doppelaltar der thronenden gotischen Madonna im unteren und der barocken Maria Immaculata auf dem oberen Hochaltar ist einer der Höhepunkte der Marienverehrung in Bayern.

Kloster Andechs, ein Priorat des Münchener Benediktiner-Stadtklosters Sankt Bonifaz, ist heute nicht nur ein Wallfahrtsort, sondern auch ein geistliches Zentrum im Fünf-Seen-Land und weit darüber hinaus. Der Heilige Berg der Bayern ist für mich auch ein Ort der Kultur, vor allem der Musik mit den jährlichen Carl-Orff-Festwochen in einem eigenen Konzertsaal, dem »Florianstadl«.

Der Geist des Ortes offenbart sich in der Symbiose aus Volksfrömmigkeit und Lebensfreude, in gläubiger Geborgenheit und in weltzugewandter Lebensart. So ist Andechs auch – und besonders heute – ein Ort der Begegnung zwischen Gott und den Menschen.

Andechs – der Heilige Berg der Bayern

ECKDATEN AUS DER GESCHICHTE

Um 950 Bau einer Burg der Grafen von Diessen auf einem Moränenhügel auf der gegenüberliegenden Seite des Ammersees

Um 1230 Zerstörung der Burg als Folge des Machtkampfes mit den Grafen von Wittelsbach

1388 Wiederentdeckung des verschollenen Reliquienschatzes in der ehemaligen Burgkapelle und Verbringung nach München

1438 Sühnegründung eines Chorherrenstiftes durch Herzog Ernst von Baiern. Rückgabe der Reliquien und erste Erwähnung des »Heiligen Berges«

1455 Umwandlung des Stiftes in eine Benediktinerabtei durch Herzog Albrecht III. Die ersten sieben Mönche und ihr Abt kommen aus dem Kloster Tegernsee

1458 Baubeginn der spätgotischen Klosterkirche

1669 wird nach einem Brand das Kloster neu errichtet. Beginn der barocken Umgestaltung der Klosterkirche

Ab 1730 Rokoko-Ausstattung durch Johann Baptist Zimmermann (Stuck und Fresken), Franz Xaver Schmädl (Plastiken) und Johann Baptist Straub (Altäre)

BESONDERS SEHENSWÜRDIGE KUNSTSCHÄTZE

Spätgotische Klosterkirche mit Rokoko-Ausstattung, doppelter Marien-Hochaltar mit spätgotischer und barocker Madonna. Fresken und umlaufender Emporen-Bilderzyklus aus der Klostergeschichte. Reliquien-Schatzkammer

Erholsamer, schattiger Wanderweg von Herrsching durch das Kiental (ca. 1 ½ Stunden), berühmter Biergarten mit Blick auf die Alpen

Homepage: www.andechs.de

BANZ UND VIERZEHNHEILIGEN –
Im Garten Gottes

Den Gastgebern meiner ersten Reise ins Frankenland, nach Bamberg, bin ich stets dankbar, dass sie mir einen Ausflug zum Gottesgarten vorgeschlagen hatten. Gottesgarten? Ja, klärten sie mich auf: Das ist das obere Maintal zwischen dem Staffelstein, dem ehemaligen Kloster Banz und der Wallfahrtskirche Vierzehnheiligen, dem der Dichter Victor von Scheffel (1826–1886) den Namen »Gottesgarten« gegeben hat. Er besingt den Landstrich in der dritten Strophe seines »Frankenliedes« so:

>*»Wallfahrer ziehen durch das Tal*
>*Mit fliegenden Standarten*
>*Hell grüßt ihr doppelter Choral*
>*Den weiten Gottesgarten«*

Die erste Strophe des Frankenliedes:

>*»Zum heilgen Veit von Staffelstein*
>*bin ich emporgestiegen*
>*und seh die Lande um den Main*
>*zu meinen Füßen liegen:*
>*Von Bamberg bis zum Grabfeldgau*
>*umrahmen Berg und Hügel*
>*die weite, stromdurchglänzte Au,*
>*ich wollt mir wüchsen Flügel.«*

Die einmalige Kulturlandschaft zwischen den sich gegenüberliegenden Kloster Banz, mainabwärts rechter Hand und Vierzehnheiligen linker Hand, bildet eigentlich ein Dreieck, zusammen mit dem markanten Plateaufelsen Staffelstein über dem gleichnamigen Städtchen und den beiden Wallfahrtsstätten. Sie wirken wie hinein komponiert in ein Flusstal, das nicht dramatisch beengt, wie der Donaudurchbruch bei Weltenburg, und doch die harmo-

nische Weite und Nähe zu den waldumsäumten Bergen ringsum sucht. Dominant und unübersehbar oben das herrschaftlich herunter grüßende Kloster Banz und auf halber Höhe, im Wald, die ebenso eindrucksvolle doppeltürmige Basilika Vierzehnheiligen, deren rötlicher Sandstein im Abendlicht eine besondere Leuchtkraft entfaltet.

Eine barocke Welt, auf Fernsicht gebaut

Wir fahren zunächst auf steiler Straße hinauf nach Banz. Das ehemalige Benediktinerkloster, heute politische Schulungsstätte,

Kloster Banz vorn und Vierzehnheiligen im Hintergrund, auf der gegenüberliegenden Talseite des Mains

bietet, je näher wir kommen, das imposante Bild einer einheitlichen, geschlossenen barocken Anlage. Ihre hohen, zum Tal hin abstützenden Mauern geben dem monumentalen Gebäudekomplex etwas Wehrhaftes, ohne jedoch abzuweisen: Der höfisch elegante Stil der auf Fernsicht berechneten Klostergebäude wiegt diese baulich notwendigen Einschränkungen mehr als auf. Zu exakt gefügt sind die großen rötlich-gelben Sandsteinquadern der Stützmauern, um auf ihnen etwas anderes zu erkennen als ein Kloster mit dem Anspruch barocker Großartigkeit, vielleicht nur vergleichbar mit dem der österreichischen Donaustifte wie Göttweig und Melk. Kein Wunder: Wer den planenden Baumeister kennt, Johann Leonhard Dientzenhofer, weiß, dass er und seine

Der Hochaltar von Vierzehnheiligen, der Himmelfahrt Mariens geweiht, mit dem Gemälde von Joseph Ignaz Appiani

Wenn Sie aus dieser Kirche, dankbar bewegt, heraustreten in die umgebende Natur, blicken Sie wieder auf die andere Talseite hinüber, nach Banz. Vierzehnheiligen grüßt Banz und liegt mit seiner mächtigen Doppelturmfassade doch in einer gewissen Spannung mit dem älteren Benediktinerkloster. Wer weiß, dass die beiden nahe beieinander liegenden Klöster, Banz auf dem Berg und Langheim im Tal, über Jahrhunderte auch in friedlicher Rivalität zueinander standen, kann dieses Verhältnis auch verstehen und würdigen.

Nach meinem Empfinden ist dieser fromme Wettstreit ein durchaus nachahmenswertes Beispiel: So haben uns beide Klöster gemeinsam ein einzigartiges Kulturerbe hinterlassen. Banz und Vierzehnheiligen sind auch heute noch Orte der lebendigen Frömmigkeit und des Kunstsinns. Orte, die uns die Kraft zum Glauben schenken.

Banz und Vierzehnheiligen – im Garten Gottes

ECKPUNKTE DER GESCHICHTE

Vierzehnheiligen:

1446 Bau einer Holzkapelle auf der Anhöhe über dem Main, auf der einem Schäfer des Klosters Langheim der Legende nach die 14 Nothelfer erschienen sind. Die Wallfahrt beginnt.

1543 wird die 1525 im Bauernkrieg abgebrannte Kapelle wieder aufgebaut.

1735 Bau der spätbarocken Wallfahrtskirche nach den Plänen von Balthasar Neumann. Initiator ist der Bamberger Fürstbischof Friedrich Karl von Schönborn.

BESONDERS SEHENSWERT

Banz:

Klosterkirche St. Joseph und St. Dionysius von Johann Dientzenhofer

Klosterhof mit Auffahrt und Prälatur in Banz

Vierzehnheiligen:

Kloster- und Wallfahrtskirche zu den 14 Nothelfern von Balthasar Neumann

Höhenwanderung in Banz

Kreuzweg in Vierzehnheiligen

Homepages:
de.wikipedia.org/wiki/Kloster_Banz
www.vierzehnheiligen.de

BEURON
Ein Quell der Spiritualität und der Kunst

Als ich als Abiturient zum ersten Mal hierher reiste, kam mir ganz unvermittelt der 23. Psalm in den Sinn:

Der Herr ist mein Hirte,
nichts wird mir fehlen.
Er lässt mich lagern auf grünen Auen,
er führt mich zum Ruheplatz am Wasser …

Kloster Beuron ist eine grüne Aue im Tal der jungen Donau, die sich in einer langen Schleife um das Klosterdorf windet, umgeben von bewaldetem Steilufer, aus dem die grauen Felsen des Donaudurchbruchs lugen, ein friedvolles Stück Erde, gleich einem kleinen Garten Eden. Hier kann man tief durchatmen, hier mag man sich gern niederlassen.

Für mich, für uns als Missionsbenediktiner, hat Beuron eine ganz besondere Bedeutung: ein Benediktinerkloster im Tal, am Wasser? Der scheinbare Widerspruch ist schnell aufgeklärt: Hier entstand im Jahr 1075 zunächst ein Augustiner-Chorherrenstift, dem 1802 das allgemeine Klosterschicksal der Säkularisation beschieden war. Erst 60 Jahre später besiedelten zwei Benediktinermönche, die Brüder Maurus und Placidus Wolter, aus Rom von der Abtei San Paolo fuori le mura (St. Paul vor den Mauern) kommend, das verödete Kloster. Möglich wurde dies durch eine Stiftung der Fürstin Katharina von Hohenzollern aus dem nahen Sigmaringen. Die kleine Zelle wächst dann so rasch heran, dass sie bereits nach sechs Jahren zur Abtei erhoben wird.

Geistliche Impulse für das ganze Land

Die junge Abtei bewirkte eine rege Neubesiedelung und Wiedergründung weiterer Klöster in Deutschland wie im Ausland. Das gilt

Kirche und Kloster Beuron im Donautal

auch für Bayern, wo das benediktinische Mönchtum schon einige Jahrzehnte früher wiedererstanden war. So geht die Gründung von St. Ottilien 1886 als Missionskloster auf einen Beuroner Mönch, den aus Gunzwil in der Schweiz stammenden P. Andreas (Josef) Amrhein, zurück. Deshalb hat Beuron für mich eine ganz besondere Bedeutung: Es ist gewissermaßen unser Mutter- und Gründungskloster.

Mit seinen Tochterklöstern bildet die Erzabtei Beuron heute innerhalb des gesamten Benediktinerordens, der »benediktinischen Konföderation«, einen eigenen Verband: die »Beuroner Benediktinerkongregation«. Zu ihr gehören zur Zeit die Erzabtei Beuron, die Abteien Weingarten, Neresheim, Wimpfen und Neuburg bei Heidelberg in Baden-Württemberg, die Abtei Tholey im Saarland, die Abtei Maria Laach in der Eifel (eigenes Kapitel in diesem Buch), die Abtei Gerleve in Westfalen, das Priorat Nütschau in Schleswig-Holstein und die Abtei Seckau in der Obersteiermark. Ebenfalls zur Beuroner Kongregation zählen die Frauenabteien Kellenried in Baden-Württemberg, Engelthal und Fulda in Hessen, St. Hildegard/Eibingen im Rheingau, Herstelle und Varensell in Westfalen,

Klosterkirche St. Martin und Maria, Blick zum Hochaltar

Bertholdstein in der Steiermark, Säben in Südtirol und das Priorat Marienrode in Niedersachsen. Auch die Abtei Las Condes in Chile geht auf Beuron zurück. In den dreißiger Jahren des vorigen Jahrhunderts führte Erzabt Waltzer die Beuroner bis nach Japan.

Eine Kunstschule mit großer Ausstrahlung

Der missionarische Geist der Benediktiner von Beuron drückte sich nicht nur in ihrer raschen Verbreitung aus, die an die Frühzeit der Zisterzienser im 12. Jahrhundert erinnert, sondern auch in ihrer Kunst. Die »Beuroner Kunstschule«, gegründet von P. Desiderius Lenz, prägte mit ihrer Rückbesinnung auf die frühchristliche und byzantinische Symbolik die sakrale Malerei bis in die erste Hälfte des 20. Jahrhunderts. Sie findet sich in den Neugründungen der Missionsbenediktiner wieder, so in meinem Heimatkloster St. Ottilien. Auch im Ursprungskloster aller Benediktiner, in Montecassino, ist Kunst aus der Beuroner Malschule gegenwärtig (siehe Kapitel Montecassino).

St. Mauruskapelle

Kloster und die Klosterkirche St. Martin und Maria sind einheitlich in der frühen Barockzeit entstanden, mit eigenständigem Erscheinungsbild. Kunstliebhaber erfreuen sich an dem prachtvollen Hochaltar und den feinen Stuckaturen aus der Wessobrunner Schule von Josef Anton Feichtmayr. Die 1898–1901 an den Mönchschor angebaute Gnadenkapelle birgt ein altverehrtes Vesperbild aus dem frühen 15. Jahrhundert. Die außerhalb gelegene St. Mauruskapelle zeigt die Initialwerke der Beuroner Kunstschule. Sie wurde im Auftrag der Fürstin Katharina von Hohenzollern 1868–1870 errichtet.

Ein bemerkenswertes architektonisches Zeichen hat die Erzabtei mit der 2007 von meinem Amtsvorgänger Viktor Josef Dammertz eingeweihten Kapelle »Maria, Mutter Europas« gesetzt. Das Heiligtum aus Kalkstein und Glas, überdacht von einer regenbogenförmigen Konstruktion aus Holz (innen) und Kupfer (außen), mit einem Turm, der sich wie eine Hand nach oben reckt, beherbergt innen zahlreiche Kunstwerke aus verschiedenen Stilrichtungen und Epochen. Der transparente Raum wird nachts durch die Illumination des Daches in Regenbogenfarben ausdrucksvoll betont.

Mit seiner barocken und vom »Beuroner Stil« geprägten Bausubstanz, seinen Kunstwerken und Urkunden bildet das Kloster Beuron ein wichtiges geistliches Zentrum im Südwesten Deutschlands. Das kostbare Kulturgut wird ergänzt durch die umfangreiche Klosterbibliothek und das international bekannte Vetus Latina-Institut.

Der Geist von Beuron, dem spirituellen Quell im oberen Donautal, äußert sich in seiner unberührten Natur und gleichermaßen in seiner zeitgemäßen Ausprägung als Ort von Kunst, Kultur und Musik. Hier zu sein, ist eine Wohltat, immer wieder aufs Neue.

Kloster Beuron – ein Quell der Spiritualität und der Kunst

ECKDATEN AUS DER GESCHICHTE

1075 Gründung eines Augustiner-Chorherrenstiftes

1802 Säkularisation

1862 Neugründung und Besiedelung durch die Benediktinermönche Maurus und Placidus Wolter, die aus Rom hierher kamen

1868 Erhebung zur Abtei, zugleich Begründung der europaweit Bedeutung erlangenden Beuroner Kunstschule durch P. Desiderus Lenz

Ab 1870 Beginn der Wiedergründung von Benediktinerklöstern und damit der »Beuroner Benediktinerkongregation«

1887 Gründung von St. Ottilien als Kloster der Missionsbenediktiner durch P. Andreas (Josef) Amrhein aus Beuron

1887 Erhebung zur Erzabtei

1951 Gründung des Institutes der »Vetus Latina«

BESONDERS SEHENSWERT

Hochbarocke Klosterkirche St. Martin und Maria mit Gnadenkapelle und Krypta

St. Mauruskapelle (Erstlingswerk der Beuroner Kunstschule)

Kapelle Maria, Mutter Europas

Spazierwege im Donautal bis zur Donauversickerung

Homepage: erzabtei-beuron.de

DISENTIS-MÜSTAIR
Gottessucher in der Graubündner Bergwelt

Welch eine Bühne, welche eine Kulisse, welch eine Szenerie, kam mir in den Sinn, als ich hierher reiste. Wie eine Burg Gottes thront das Kloster über dem Ort am Südhang der Surselva (oberhalb des Waldes). Eine feste Burg Gottes, hineingestellt in die großartige Bergwelt Graubündens, 1100 Meter über NN. Die Anlage beherrscht das Hochtal zwischen Oberalppass und Chur, der Hauptstadt des Kantons Graubünden. Disentis – das rätoromanische Wort leitet sich ab vom lateinischen *desertina*, wenig besiedeltes Gebiet, Wüstenei. Müstair der Schweizer Ortsname, stammt von Monasterium ab, Kloster, oder: Ort, wo man einsam lebt. Beide Namen beschreiben die Geschichte von Kloster und Ort, die untrennbar miteinander verbunden sind.

Disentis ist das älteste ununterbrochen besiedelte Benediktinerkloster in der Schweiz. Aber gewiss haben sich seine Gründer nicht vorstellen können, was aus ihrer Desertina einmal erwachsen würde. Seine Geschichte reicht zurück bis in das 7. Jahrhundert, als der fränkische Asket Sigisbert auf seinem Weg in die Abgeschiedenheit hier eine Zelle errichtete. Wäre sein Förderer und Gefährte, der einheimische Placidus, nicht ermordet worden, könnte eine Klostergemeinschaft bereits um das Jahr 700 angenommen werden. So wird das Jahr 765 nach einer Schenkungsurkunde des Churer Bischofs Tello als Zeitpunkt der Gründung angesehen.

Als Hüter des Lukmanier- und Oberalppasses, damals wichtige Wege der durchziehenden deutschen Kaiser nach Italien, erlebte Disentis in der Folge eine großen Aufschwung, befördert durch Schenkungen von Kaiser Otto I. Auch Friedrich I. Barbarossa gab dem Kloster reichen lombardischen Besitz. Das seit dem 12. Jahrhundert von einem Fürstabt beherrschte Gebiet in Graubünden war ein mittelalterlicher Klosterstaat, der ab dem 15. Jahrhundert auch zur Eidgenossenschaft zählte.

In der Zeit der Glaubensspaltung waren die Äbte des Klosters darum besorgt, durch eine öffentliche Klosterschule und ein theologisches Seminar den Priesternachwuchs zu fördern. Auch die Pflege der Naturwissenschaften und der Physik wurde zur Tradition des Hauses, wie der Alpinismus, der zu zahlreichen Erstbesteigungen der heimischen Bergwelt führte. Das Klosterleben wurde jäh unterbrochen, als die durchziehenden Franzosen 1799 Kloster und Dorf in Brand steckten.

Das große, eindrucksvolle Bild, das uns Kloster Disentis-Müstair heute mit seiner mächtigen Schauseite ins Tal heute zeigt, folgt einem einheitlichen Bauplan des ausgehenden 17. Jahrhunderts. Er wurde später als Folge der Klosterbrände von 1799 und 1846 in Details verändert, indem etwa ein fünftes Stockwerk mit Mansardendach auf das Klostergebäude aufgesetzt wurde. Von der Talseite aus nicht sichtbar ist der moderne hintere Anbau des humanistischen Gymnasiums, das mehr als 170 Schülerinnen und Schüler zur Hochschulreife führt.

Dem rechteckigen Komplex mit zwei Innenhöfen wurde die Klosterkirche östlich vorgesetzt. Sie wurde im Stil der Vorarlberger Schule errichtet, mit Wandpfeilern und offenen Emporen im Innern, mit Doppelturmfassade nach außen. Ihr Architekt und Baumeister, Bruder Caspar Moosbrugger, kam aus dem befreundeten Benediktinerkloster Einsiedeln im Kanton Schwyz, wo er einige Jahre später, wie auch in Weingarten in Oberschwaben, mit noch größeren Kirchenneubauten beauftragt wurde.

Die St. Martin geweihte Klosterkirche offenbart die ganze Pracht des Hochbarock. Ihr schwerer Stuck wirkt hier nicht überladen, sondern lässt im 22 Meter hohen Tonnengewölbe des Laienhauses noch reichlich Platz für Deckenfresken mit Motiven aus dem Leben des hl. Martin. Das Fresko im Querschiff des Chores zeigt den hl. Benedikt, wie er den Bewohnern des Tales predigt. Der 1885 erworbene Hochaltar, eine frühbarocke Schöpfung des Niederaltaicher Laienbruders und Bildhauers Melchior Stadler, stammt übrigens aus der Wallfahrtskirche auf dem Geyersberg bei Deggendorf in Niederbayern, ein Beispiel für die weit über Landesgrenzen hinausgehende Zusammenarbeit zwischen den Benediktinern. Unter den acht weiteren Altären sind der Benediktsaltar aus der Erbauungszeit und der Michaelsaltar, eines der reinsten Werke der frühen Renaissance in der Schweiz, besonders hervorzuheben.

Castelberger Altar aus dem Jahr 1572 in der Klosterkirche von Disentis

SEBASTIAN·VON·KASTELBERG·ANO·DOMI·1574

Klosterkirche St. Martin

Die Andacht und Ehrfurcht, welche diese große Klosterkirche auf die Gläubigen überträgt, lässt sich am schönsten erleben am frühen Morgen, wenn das Sonnenlicht durch die großen Fenster der nach Osten gerichteten Hauptseite dringt, und am frühen Abend, wenn es nur durch die Obergadenfenster der Westseite einfällt. So fühlt, spürt der stille Betrachter inmitten der erhabenen Bergwelt Graubündens den langen Atem der Gottessucher, die sich vor mehr als 1400 Jahren hier niedergelassen haben.

Disentis – Gottessucher in der Graubündner Bergwelt

ECKPUNKTE DER GESCHICHTE

765 bestätigt der Bischof von Chur eine Zelle des fränkischen Einsiedlers Sigisbert

1165 Grundbesitzschenkungen durch Kaiser Friedrich I. Barbarossa in der Lombardei

1440 Der kleine Klosterstaat zählt zu den Gründungsmitgliedern der Eidgenossenschaft

1710–30 Umfassender Neubau von Kloster und Abteikirche durch Caspar Moosbrugger im vorarlbergisch geprägten barocken Stil (siehe auch Einsiedeln)

1799 Verwüstungen und Klosterbrand durch französische Truppen

1846 Nach erneutem Brand Wiederaufbau und Aufstockung der Konventgebäude um ein Stockwerk. Gründung eines humanistischen Gymnasiums

BESONDERS SEHENSWÜRDIGE KUNSTSCHÄTZE

Hochbarocke Klosterkirche St. Martin mit Fresken aus dem Leben des hl. Benedikt und frühbarockem Hochaltar

Benediktsaltar aus der Erbauungszeit und Castelbergeraltar aus der Renaissance

Homepage: www.kloster-disentis.ch

EINSIEDELN
Die geistliche Mitte der Schweiz

Der Gedanke drängte sich mir auf: Pilger und Touristen, die vom Zürichsee heraufkommen zum »Einsiedel«, wie die Einheimischen den Ort noch immer nennen, sollten den Ortsnamen nicht allzu wörtlich nennen. Sie kommen zuerst in ein stattliches Dorf, bevor sie ihr Ziel, den Klosterplatz mit der alles beherrschenden Klosterkirche, erreichen.

Hier, an diesem Platz des pulsierenden Lebens, ist die Geschichte von Einsiedeln schwer vorstellbar: Hier wurde im Jahr 861 der hl. Meinrad in seiner Klause inmitten der Wildnis zwischen Zürichsee und Alpen von zwei Räubern erschlagen. Seine Klause wurde in der Folge der Jahrhunderte zur Keimzelle einer der bedeutendsten barocken Klosteranlagen Europas.

Die Gesamtkomposition für diesen rund 150 mal 130 Meter messenden längsrechteckigen Gebäudekomplex geht zurück auf Caspar Moosbrugger (1656−1723), einen Laienbruder des Klosters, der aus Au im Bregenzerwald stammte und den dort geprägten Stil der Vorarlberger Schule erlernt hatte. Er hatte sich bereits vorher mit den Plänen für das Kloster Disentis in Graubünden einen Namen gemacht (siehe Disentis-Müstair). In Einsiedeln legte er die ganze Westfront des Klosters zum Dorf hin als Schauseite an, mit der konkav ausschwingenden doppeltürmigen Fassade der Klosterkirche in zentraler Disposition. Der monumentale Treppenaufgang, von Moosbrugger bereits geplant, wurde erst später, 1745−47 verwirklicht.

Notwendig geworden war der Neubau durch den im 17. Jahrhundert stark ansteigenden Pilgerverkehr nach Einsiedeln zur Gnadenkapelle mit dem Gnadenbild der Schwarzen Madonna mit dem Jesuskind. Um das Kloster mit diesen beiden Schweizer Heiligtümern war Einsiedeln zu einem großen Wallfahrtsort herangewachsen. Der Bau einer neuen Kirche, die das Heiligtum integrieren sollte, stellte das Raumkonzept des Architekten vor besondere

Die Gnadenkapelle in der Klosterkirche

Herausforderungen, denn er musste auch auf den frühbarocken Chor aus dem Jahr 1676 Rücksicht nehmen.

Moosbrugger löste diese Aufgabe mit einer originellen Raumfolge von drei Gruppen vor dem Chor, wobei er die Gnadenkapelle in das Oktogon des mächtigen Zentralraumes integrierte.

Für die Ausgestaltung dieses komplizierten Raumgebildes hatte der Bauherr, Fürstabt Thomas I. Schenklin, die besten Künstler seiner Zeit verpflichtet: die kongenialen Münchener Brüder Cosmas Damian und Egid Quirin Asam. Ab 1724 sind sie mit Unterbrechungen zwei Jahre lang mit den Stuckarbeiten und den Freskomalereien der großen Kirche beschäftigt. Beide leisteten Außerordentliches. Das Fresko des Oktogons mit dem Thema der Legende der Engelweihe gehört nicht nur zu den größten jemals gemalten Deckenmalereien – es misst mehr als 400 Quadratmeter –, sondern auch zu den phantasievollsten: Christus schwebt mit großem himmlischem Gepränge herab, um ein Pontifikalamt zu feiern. Cosmas Damian Asam hat dieses Fresko in nur drei Wochen geschaffen.

Das Können beider Brüder lässt Architektur, Plastik und Malerei in Einsiedeln zu einem barocken Gesamtkunstwerk christlicher Lebensfreude verschmelzen. Der gesamte Kirchenraum wirkt mit seinem theologischen Programm luftig-leicht und ist von fast höfischer Eleganz. Wer unter der 33 Meter hohen Kuppel im dritten Joch vor dem Chor nach oben zum Fresko der Weihnachtsgeschichte blickt, dem öffnet sich im Diesseits bereits das Jenseits. Wie stolz die Brüder Asam über ihr Opus in Einsiedeln waren, zeigt sich auch darin, dass sie im Gedenken daran ihr Schlössl-Atelier in Thalkirchen vor München »Maria Einsiedel« nannten.

Den Kontrastpunkt zum jubelnden Barock setzt die Einsiedler Gnadenkapelle. Denn Mittelpunkt der Klosterkirche mit der Doppelfunktion einer Wallfahrtskirche ist hier nicht der entrückte Hochaltar im Mönchschor, vom Laienhaus getrennt durch ein höchst kunstvoll geschmiedetes, scheinperspektivisches Chorgitter, sondern die Gnadenkapelle im Oktogon mit dem Ziel der Wallfahrer: der Schwarzen Madonna mit dem Jesuskind. Die königlichprunkvoll gewandete Madonna, ein wunderschönes spätgotisches Kunstwerk aus der Ulmer Schule, wurde anlässlich einer Restaurierung 1799 zum letzten Mal schwarz bemalt/gefasst.

Die Gnadenkapelle, ein kleiner klassizistischer Bau auf nahezu quadratischem Grundriss, verkleidet mit schwarzem Marmor, wird durch 14 Pilaster und zwei den Eingang flankierende Säulen gegliedert. Bewacht wird sie an ihren Ecken von den Heiligen Meinrad, Adalrich, Konrad und Bruno. Sie haben die Kapelle 1798 zwar nicht vor der Zerstörung durch die Franzosen schützen können, von 1815–17 wurde die Kapelle jedoch samt ihren vier Patronen in verkleinerter Form wieder aufgebaut.

Die Schwarze Madonna in der Gnadenkapelle

Wer nach dem Besuch der überwältigenden Klosterkirche noch Zeit zu einem erholsamen Spaziergang findet, dem empfehle ich den Weg zur Gangulfkapelle (im Volksmund »Wolfgangskapelle«) nördlich des Stifts auf das Bruel. Sie ist uralt, unter Abt Embrich 1026–51 erbaut und 1608 restauriert und ausgemalt worden. Ein Ort der stillen Kontemplation.

Einsiedeln ist großartig, eindrucksvoll. Der Ort hinterlässt im pilgernden Gast den Geist eines gläubigen Vertrauens, der durch eine mehr als 1000-jährige Geschichte bis heute ungebrochen lebendig geblieben ist. Einsiedeln ist aber nicht nur ein Wallfahrtsort, sondern auch ein geist(l)iches Zentrum mit einem bekannten Gymnasium. Die Abtei ist eine sog. Territorialabtei, und der Abt daher Mitglied der Schweizerischen Bischofskonferenz.

Kloster Einsiedeln ist zu jeder Jahreszeit einen Besuch wert. Besonders aber in den Frühlingsmonaten, wenn unten, am Zürichsee, bereits die Baumblüte einsetzt, die Abtei, gut 300 Meter höher gelegen, noch ihr Schneekleid trägt.

Kloster Einsiedeln – die geistliche Mitte der Schweiz

ECKPUNKTE DER GESCHICHTE

861 Nach der Ermordung des hl. Meinrad wird seine Klause zum Ausgangspunkt seiner Verehrung

1676 Bau eines frühbarocken Chores

1704–50 Neubau von Kloster (1704) und Abtei-/Wallfahrtskirche (1721–50 nach den Plänen des Konventualen Caspar Moosbrugger aus Au im Bregenzerwald, (siehe auch Disentis/Müstair). Stuck und Freskomalereien von den Brüdern Egid Quirin und Cosman Damian Asam aus München (siehe auch Kladrau/Kladruby und Weltenburg)

1798 Schwere Verwüstungen durch französische Truppen

1815–17 Wiederaufbau der Gnadenkapelle in der Basilika in klassizistischen Formen

SEHENSWÜRDIGE KUNSTSCHÄTZE

Gnadenkapelle in der Wallfahrts-Basilika mit dem Gnadenbild der Schwarzen Madonna

Deckenfresken in der Basilika (Engelweihe, Weihnachtsgeschichte)

Gangulfkapelle aus dem 11. Jahrhundert auf dem Bruel

Homepage: www.kloster-einsiedeln.ch

ST. GEORGENBERG-FIECHT
Die Wallfahrt der Tiroler

Wenn ich mich in die Geschichte eines Klosters hineinzudenken, hinein zu fühlen versuche, suche ich zuerst nach den Motiven des oder der Gründer, in der Zeit, in der sie gelebt haben.

Hier in St. Georgenberg-Fiecht im Tiroler Inntal, 20 Kilometer innabwärts von Innsbruck, ist die Geschichte recht zuverlässig überliefert. Um das Jahr 940 gründete der junge Rathold von Aibling aus dem Geschlecht der Rapotonen, das zeitweilig auch den Grafen für das untere Inntal stellte, im abgeschiedenen, hochgelegenen Stallental auf der Südseite des Karwendelgebirges, eine Einsiedelei. Ihm schlossen sich nach und nach einige Gefährten an, so dass noch zu Ratholds Lebzeiten eine klösterliche Niederlassung entstand. Zu den ersten Wohltätern der dort entstandenen Kirche des hl. Georg zählte der zuständige Brixener Bischof Albuin, nachdem er der Eremitenvereinigung um das Jahr 1000 zwei Höfe geschenkt hatte.

Durch weitere Schenkungen, unter anderem durch Kaiser Heinrich IV. und eine Reliquie des hl. Georg, wuchs um das Jahr 1200 ein Kloster mit einem regen Wallfahrtswesen heran. Um diese Zeit wurde auf dem steilen Felsen über dem Stallental, dort, wo das Kloster noch heute steht, ein erstes steinernes Gotteshaus errichtet.

Wer heute zum St. Georgenberg kommt, der mit dem Beinamen »Heiliger Berg von Tirol« versehen ist, muss staunen, wie auf diesem damals kaum zugänglichen Felsensporn derartige Gebäude entstehen konnten. Nur durch die harte, zähe Arbeit von vielen Generationen von Mönchen, Konversen und Bauern war es möglich, überhaupt Baumaterial dorthin zu schaffen. Erst im 15. Jahrhundert wurde eine Holzbrücke über den reißenden Bergbach errichtet. Bis dahin war das Kloster nur über einen steilen Kletterpfad erreichbar.

Diese Gedanken kommen mir bei der eineinhalbstündigen beschaulichen Wanderung vom unten gelegenen Kloster Fiecht auf

Kloster St. Georgenberg mit der Hohen Brücke

den 950 Meter hoch gelegenen Georgenberg. Ein zweiter, beliebter Wallfahrtsweg führt von der Ortschaft Stams durch die wildromantische Wolfsschlucht hinauf. Der letzte, steile Anstieg wird durch einen Kreuzweg begleitet, bei dem das Leiden Christi für manchen Pilger durchaus körperlich spürbar wird.

Die Mühen werden am Ziel reichlich belohnt: In der intimen spätbarocken Wallfahrtskirche kann der bergwandernde Pilger sein Herz zur Ruhe kommen lassen und zum Gnadenbild der Muttergottes mit dem Kind im Hochaltar beten. Einen Besuch wert ist auch die kleine spätgotische Lindenkirche ein kleines Wegstück weiter oben, die ungeachtet ihrer bescheidenen Ausmaße eine hervorragende Akustik besitzt. Erwähnt werden darf hier aber auch der Klostergasthof, der dem durstigen und hungrigen Pilger eine schmackhafte einheimische Küche (stets frischen Fisch) bietet. So gestaltet sich der Aufenthalt auf dem Georgenberg in jeder Hinsicht als erinnerungswürdig und kräftigend für Leib und Seele, nach guter benediktinischer Tradition.

Stift Fiecht im unteren Inntal

Zurück im Tal, in Fiecht, lohnt sich ebenso der Besuch des »unteren Klosters«, heute Hauptsitz des Stifts der Benediktiner von St. Georgenberg-Fiecht, die sich nach mehreren Bränden 1706 entschlossen hatten, hierher zu ziehen. Die barocke Idealanlage über dem Inntal wird beherrscht durch die großartige Stiftkirche St. Josef. Ihr kostbarer Innenraum wird gekrönt durch die heiterfestlich beschwingten Fresken von Matthäus Günther aus Wessobrunn, die eingerahmt sind von den elegant-zarten Stuckaturen seines Landsmannes Franz Xaver Feichtmayr.

Das grundlegend renovierte Kloster bietet ein umfangreiches, ganzjähriges Angebot an Exerzitien an und ist nicht zuletzt dadurch wieder ein geistliches Zentrum des Tiroler Unterinntales geworden. Viele »Stammpilger« kommen mehrmals jährlich hierher und gönnen sich eine wohltuende Auszeit, oben im Wallfahrtskloster Georgenberg und unten im Tal im Stift Fiecht.

St. Georgenberg-Fiecht – die Wallfahrt der Tiroler

Um 940 zieht sich der junge Rathold von Aibling als Einsiedler ins abgelegene Stallental auf der Südseite des Karwendelgebirges zurück. Bald schließen sich einige Gefährten an und begründen damit eine klösterliche Eremitengemeinschaft

Um 1000 schenkt der Brixener Bischof Albuin den Eremiten zwei Höfe

1183 wird der Georgenberg erstmals als Benediktinerkloster erwähnt

1204 durch weitere Schenkungen, unter anderem durch Kaiser Heinrich IV. und eine Reliquie des hl. Georg, wächst ein Kloster mit regem Wallfahrtswesen heran. Ein erstes steinernes Gotteshaus wird auf dem steilen Felsen errichtet (heute: Lindenkirche oberhalb des Klosters)

Im 15. Jahrhundert wird eine erste Holzbrücke (Hohe Brücke) über das tiefe Bergbachtal erbaut. Zuvor war das Kloster nur über einen steilen Kletterpfad erreichbar

1654 werden nach einem Brand eine frühbarocke Kirche und die Klosterbauten auf dem etwas weiter unten gelegenen Felssporn neu erbaut

1705 verlegen die Mönche nach einem erneuten Brand den Stammsitz hinunter ins Inntal nach Fiecht

1740–50 entsteht in Fiecht eine hochbarocke Klosteranlage nach Idealplan. Die Stiftskirche St. Josef wird von berühmten Künstlern wie Franz Xaver Feichtmayer (Stuck) und Matthäus Günther (Fresken) ausgestattet

1886 wiederum schwere Brandschäden an der unteren Stiftskirche.

1967 Anschluss an die Missions-Benediktinerkongregation von St. Ottilien

Abteikirche Fiecht, Hochaltar, Das Jesuskind umfängt die Welt

BESONDERS SEHENSWERTE KUNSTSCHÄTZE

Auf dem St. Georgenberg:

Gotische Lindenkirche (2014 renoviert)

Intime, barocke Wallfahrtskirche nach dem Vorarlberger Schema mit Gnadenbild Madonna Mutter der Schmerzen

Hohe Holzbrücke (2006 erneuert)

In Fiecht:

Hochbarocke Klosterkirche St. Josef. Fresken von Matthäus Günther aus dem Marienleben

Originelle, geschnitzte Beichtstühle und kunstvoll geschmiedete Gitter zwischen Vorhalle und Langhaus

Gepflegte Bergwanderwege vom Kloster Fiecht mit Kreuzweg und von Stams durch die Wolfsschlucht auf den St. Georgenberg

Homepage: www.st-georgenberg.at

FRAUENCHIEMSEE UND HERRENCHIEMSEE
Das Geschwisterpaar im See

Inseln sind schon immer Orte gewesen, auf denen wir das Glück gesucht haben: Sie schenken uns Einsamkeit, Geborgenheit, Schutz und – rundum von Wasser umgeben – die Fülle des Lebens.

Sämtliche dieser paradiesähnlichen Attribute können wir ganz gewiss den Geschwisterinseln im Chiemsee zuschreiben, der Fraueninsel und der benachbarten, nur einen Kilometer entfernten Herreninsel: Sie verbindet nicht nur die Nähe, sondern auch die unvergleichliche Lage im »bayerischen Meer« direkt vor der großartigen Kulisse der Chiemgauer Berge. Dass dies nur 15,5 ha kleine Eiland von Frauenwörth und die flächenmäßig fünfzehn Mal größere Insel Herrenwörth ganz besondere Siedlungsorte sind, haben nachweislich bereits die Kelten für sich in Anspruch genommen.

So nimmt es kaum Wunder, dass auch die Christianisierung auf Frauenchiemsee und Herrenchiemsee früh nachweisbar ist: Die simultanen Klostergründungen durch Herzog Tassilo gehen auf das frühe 8. Jahrhundert zurück. Auf der Fraueninsel siedelten zunächst Kanonissen unter der ersten Äbtissin Irmengard, einer Enkelin Kaiser Karls des Großen und Tochter Ludwigs des Deutschen, auf die Herreninsel kamen Benediktiner. Gegen Ausgang des 10. Jahrhunderts folgten auch die Nonnen der Fraueninsel der Regel des hl. Benedikt.

Der Konvent genoss nicht zuletzt wegen der überwiegend aus dem Hochadel stammenden Nonnen früh Privilegien sowohl der bayerischen Herzöge als auch der deutschen Könige und führte bis ins 12. Jahrhundert den Titel eines »Königlichen Stiftes« mit dem Kronenrecht seiner Äbtissin. Der damit verbundene Wohlstand ermöglichte bereits Mitte des 9. Jahrhunderts den Bau eines stattlichen romanischen Münsters – eine erstaunliche Leistung angesichts der Notwendigkeit, dass Baumaterial mit kleinen Booten vom Festland herübergeschafft werden musste.

Die Fraueninsel (vorn) mit dem Frauenkloster und das ehemalige
Augustiner-Chorherrenstift Herrenchiemsee (oben)　　　　　　　　65

Frauenchiemsee nach einem Gemälde von Theodor Hummel, 1924

Frauenchiemsee, Klosterkirche St. Maria

Diese Münsterkirche mit dem charakteristischen, in Süddeutschland sonst kaum anzutreffenden freistehenden Campanile wurde in der zweiten Hälfte des 15. Jahrhunderts im Stil der späten Gotik umgebaut, der sie äußerlich noch heute prägt. Im Inneren hat zudem eine barocke Bauphase Ende des 17. Jahrhunderts ihre Werke in Form von mehreren Altären hinterlassen, ohne allerdings den gotischen Raumcharakter zu dominieren. So ist die Lichtführung in der Kirche von andächtiger, fast mystischer Stimmung.

Zu den Schätzen der dreischiffigen Basilika gehören zweifellos die zahlreichen gut erhaltenen Grabsteine aus Salzburger Rotmarmor, vor allem aber der in der gotischen Irmengardkapelle aufgestellte Marmorsarkophag mit den Gebeinen der heiligen Äbtissin-Prinzessin. Er wurde erst bei Grabungen im Jahr 1961 wieder aufgefunden und ist heute erneut ein Ort besonderer Verehrung.

Ebenso sensationell waren die bei Restaurierungsarbeiten im Jahr 1928 im Presbyterium wieder zutage gekommenen romanischen Wandmalereien aus dem frühen 12. Jahrhundert, die ur-

Blick auf den Campanile des Münsters

sprünglich wohl alle Wandflächen bedeckten. Sie zeigen als Mittelpunkt Jesus, dem Ezechiel und ein Engel zugeordnet sind, und zählen zu den ältesten und eindrucksvollsten Beispielen der hochromanischen sakralen Wandmalerei in Deutschland.

Gut erhalten ist die karolingische Torhalle nördlich der Kirche mit den Kapellen des hl. Nikolaus und des hl. Michael, ebenfalls mit Fragmenten romanischer Fresken.

Der an der Südspitze der Insel liegende Klosterbezirk entstand in seiner heutigen Bausubstanz im 18. Jahrhundert und prägt mit der wuchtigen Zwiebelkuppel des Campanile das weit über unsere Grenzen hinaus bekannte Bild der Klosterinsel.

Kloster und Schloss Herrenchiemsee

Nach einer Notzeit im 10. Jahrhundert, in der das Klosterleben auf Herrenchiemsee nahezu erlosch, siedelte der zuständige Erzbischof Konrad von Salzburg 1130 den noch jungen Orden der Augustiner-Chorherren an. Das Stift gedieh und wurde 1218 zum

Suffraganbistum erhoben, die Klosterkirche, von der nichts erhalten ist, wurde Bischofskirche.

Während die Fraueninsel die Säkularisation von 1803 weitgehend unzerstört überstand, wurde das Augustiner-Chorherrenstift auf Herrenchiemsee nicht nur aufgelöst, sondern auch teilweise abgebrochen, darunter auch die ehemalige Kloster- und Bischofskirche St. Sixtus und St. Sebastian. Wir dürfen sie uns anhand der profanisierten Fragmente als monumentale Wandpfeilerkirche oberitalienischer Prägung vorstellen. Große Teile des Klostergevierts blieben jedoch erhalten, auch dank der Initiative des bayerischen Königs Ludwig II., der hier seine Vision verwirklichte, ein Königsschloss nach dem Vorbild von Versailles zu bauen (1875–84, unvollendet)

Trotz des Touristen-Magneten Königsschloss, das jährlich mehr als eine Million Besucher anzieht, ist Herrenchiemsee für mich, ebenso wie Frauenchiemsee, ein geistlicher Ort geblieben, der einen umfängt wie das Wasser die Inseln. Wer Herrenchiemsee betritt, spürt, dass er heiligen Boden unter seine Füße nimmt. Abseits der direkten Wege vom Anlegesteg zum Königsschloss können Sie hier auf Nebenpfaden in unberührter Natur meditieren und innehalten. Sogar auf der kleinen Fraueninsel werden Sie im Klosterbezirk abseits des Trubels noch ruhige Orte finden, wie den Friedhof der anonymen Ertrunkenen im Chiemsee.

Es wird Ihnen, lieber pilgernder Leser, nach jedem Besuch der kleinen Eilande ebenso ergehen wie mir: Sie freuen sich bereits auf den nächsten Aufenthalt, ob in der Klosterkirche auf der Fraueninsel oder zur Andacht in der kleinen spätgotischen Kirche St. Maria auf der Herreninsel. Beide Inseln sind Orte der Sehnsucht, ein Stück vom Paradies, das wir, Gott sei Dank, auf Erden finden können.

Frauenchiemsee und Herrenchiemsee – das Geschwisterpaar im See

ECKDATEN AUS DER GESCHICHTE

Um 770 simultane Klostergründung auf Frauen- und Herrenwörth durch Herzog Tassilo III.

Um 850 Bau eines dreischiffigen romanischen Marienmünsters auf Frauenchiemsee. Auf Herrenchiemsee entsteht im frühen 9. Jahrhundert ebenfalls eine romanische Basilika, die im 12. Jahrhundert umgestaltet und ab 1218 zur Bischofskirche ernannt wird

Ab 1090 lebt und arbeitet der Konvent auf der Fraueninsel nach der Regel des hl. Benedikt. Ab 1130 lösen Augustiner-Chorherren die Benediktiner auf Herrenchiemsee ab

Ab 1680 wird der Herrenchiemseer Dom als barocke Wandpfeilerkirche umgebaut. Von dieser Kirche, die dem Dom in Salzburg ähnlich gewesen sein soll, sind nur Fragmente überkommen

1928 werden im Presbyterium der Klosterkirche Frauenchiemsee romanische Wandmalereien aus dem 12. Jahrhundert entdeckt

1961 wird bei Grabungen der Sarkophag der heiligen Äbtissin Irmengard wiederentdeckt

BESONDERS SEHENS- UND ERLEBENSWERT

Frauenwörth (Frauenchiemsee):

Karolingischer Torbau aus dem 9. Jahrhundert mit Wandmalereien

Gotisches Marienmünster mit romanischer Wandmalerei

Herrenwörth (Herrenchiemsee):

Erhaltene Klostergebäude (heute Hotel und Tagesstätte)

Schloss Herrenchiemsee (1875–84, unvollendet)

Homepages: www.frauenwoerth.de, www.herrenchiemsee.de

STIFT GÖTTWEIG
Montecassino in der Wachau

Orte mit einer Geschichte und einem Geist wie das Stift Göttweig beruflich zu besuchen, ist ein Privileg. Als ich im Jahr 2009 zur Wahl und Amtseinführung von Columban Luser als 65. Abt des Stiftes hierherkam, scherzte er mit mir: »Du sitzt in Rom ja näher an unseren Quellen (damit meinte er den Vatican und Montecassino), aber Du musst zugeben, wir haben es hier doch schöner.« Ich konnte nicht umhin, ihm zuzustimmen. Diesen Ort nicht nur als Abtprimas der Benediktiner zu besuchen, sondern auch als kunsthistorisch interessierter Mensch, ist in jedem Fall ein Privileg, das sich jedoch jeder gönnen kann und sollte.

Das Benediktinerstift Göttweig bei Krems südlich der Donau in der Wachau wird stets mit dem Attribut »österreichisches Montecassino« versehen. Dieser Beiname ist von der dominierenden Lage auf einem Berg her durchaus nachvollziehbar. Ich meine aber aus meiner engen Beziehung zu unserem Gründungskloster südlich von Rom, dass das Stift Göttweig dem Kloster Montecassino in mancherlei Beziehung zwar ähnelt, von seiner geschichtlichen Entwicklung her aber natürlich anders gesehen werden muss. Ich will versuchen, diese Differenzierungen an anderer Stelle näher zu begründen.

Zum Ursprung des Attributes: Die Lage von Göttweig, auf dem die Donauebene um 200 Meter überragenden, bewaldeten Berg, beeindruckt jeden, der sich dem Stift, unabhängig von der Himmelsrichtung, nähert. Die von drei Ecktürmen begrenzte Klosteranlage, wendet sich wie ein Wachposten dem Umland zu und wirkt dabei doch nicht abweisend. Im Gegenteil: ihre monumentale barocke Architektur lädt zum Näherkommen, zum Kennenlernen ein. Das Stift versteht sich heute auch vielmehr als ein offenes geistliches Zentrum als eine Gottesburg auf dem Berg, in Distanz zu den Menschen. Im Jahr 2000 wurde es als Teil der »Kulturlandschaft Wachau

Stift Göttweig über den Obstgärten von Nordosten

mit den Stiften Melk und Göttweig und der Altstadt von Krems« in die Liste des UNESCO-Weltkulturerbes aufgenommen

Etymologisch wird der Name Göttweig landläufig mit »Gott geweiht« erklärt. Das liegt nahe, denn der Berg war bereits 2000 v. Chr. den Kelten ein heiliger Ort, später den Römern nicht nur ein strategisch günstiger Ort über die Wachau, sondern auch eine Kultstätte.

Die jüngere Geschichte von Göttweig lässt sich in das 11. Jahrhundert zurückverfolgen, als Bischof Altmann von Passau, dessen Bistum damals bis nach Wien reichte, im Jahr 1074 ein reguliertes Chorherrenstift auf dem Berg ins Leben rief. Es war jedoch nur von kurzer Dauer, denn 20 Jahre später, 1094, berief sein Nachfolger Ulrich I. Benediktiner aus St. Blasien im Schwarzwald nach Göttweig und begründete damit eine nunmehr über 900-jährige geistliche und kulturelle Entwicklung. Sie wurde nur relativ kurz, wegen der Enteignung durch die Nationalsozialisten, in den Jahren 1939−45 unterbrochen.

Ein unvollendeter Gesamtplan

Das Stift Göttweig, wie wir es heute sehen, ist im Wesentlichen in seiner Bausubstanz in der Zeit des Hochbarock zwischen 1718 und 1766 entstanden. Bei aller beeindruckenden Monumentalität, die wir vor Augen haben, bildet die Anlage dennoch nur eine Ahnung dessen ab, was sein Bauherr, Abt Gottfried Bessel (1714–49), und sein kaiserlicher Hofarchitekt, Johann Lucas von Hildebrandt, ursprünglich planten. Nach diesem Idealplan, der uns in einer Stichserie überliefert ist, wurden nur die Nord- und die Ostseite vollendet, der Donau und Wien zugewandt. Die Westseite mit einem gewaltigen, bastionsartigen Torvorbau und die Südseite blieben unvollendet. Hildebrandts Plan war, den gesamten Komplex symmetrisch gleichsam aus dem Berg herauswachsen zu lassen, in seiner Hauptachse nach Westen orientiert. Ein Projekt, dem schließlich durch den langsam ermüdenden Schwung des barocken Bauzeitalters und auch durch Geldmangel die Luft ausging.

Dennoch zieht uns heute die Einheitlichkeit der gesamten Anlage in ihren Bann. Auch darin ähnelt Göttweig dem barocken Montecassino, das allerdings nach den massiven Schäden des Zweiten Weltkrieges fast vollständig neu erbaut werden musste.

Bemerkenswert war übrigens die frühe Intention von Abt Gottfried Bessel, der mit dem Philosophen und Wissenschaftler Gottfried Wilhelm Leibniz befreundet war, der Idee eines Universalgeistes folgend das Kloster zu einem Begegnungszentrum von Religion, Kunst und Wissenschaft werden zu lassen. Als Historiker nutzte Bessel bereits sehr früh das kritische Quellenstudium für sein 1732 erschienenes »*Chronicon Gotwicense*«. Seine Kunst- und Wunderkammer mit dem Graphischen Kabinett ist bis heute von überregionaler Bedeutung.

Begegnungen mit der Geschichte des Berges

Wir betreten den Stiftshof durch die als Torwartshaus dienende alte Burg, einem steinernen Zeugen aus gotischer Zeit, und blicken direkt auf die Fassade der Pfarr- und Stiftskirche Mariae Himmelfahrt mit den beiden mächtigen Türmen. Die giebelgekrönte Fas-

Rebgärten südlich des Klosterbergs

Hier komme ich ein weiteres Mal auf einen gewissen Unterschied zwischen Montecassino und Göttweig zurück. Montecassino in Latium war und ist seit Benedikt von Nursias Zeiten im 7. Jahrhundert mehr ein felsiger Ort der Aszese. Der Weinbau war seit alters her ein Erwerbszweig der Mönche. Göttweig liegt im Weinland, das hier übrigens von den weinliebenden Römern begründet wurde. Das Land prägt die Menschen, wie man weiß. Und wo der Wein gedeiht, ist der Mensch vielleicht weniger asketisch.

Der Wein ist es freilich nicht allein. Der blühende Konvent von Göttweig, mit derzeit 40 Patres und Fratres einer der größten in Österreich, hat in den letzten Jahrzehnten mit einem breiten Bildungsangebot auch zeitgemäße neue Erwerbsquellen erschlossen.

Es ist dieses einzigartige Wechselspiel aus großartigem architektonischem Erbe und dieser gegebenen, gottgeschenkten Natur, die den Geist des Stiftes Göttweig so unvergesslich einprägt. Wer einmal hier oben war, möchte den Ort und seine Landschaft immer wieder in sich aufsaugen, zu jeder Jahreszeit – so wie ein Glas vom Wachauer Heurigen auch ein Geschenk Gottes.

Stift Göttweig – Montecassino in der Wachau

ECKDATEN DER GESCHICHTE UND KUNSTWERKE

Ca. 2000 v. Chr. Archäologisch nachweisliche Besiedlung durch Kelten

Ca. 50 v. Chr. Römisches Oppidum (stadtähnliche Befestigung)

1072 Benediktinerinnen lassen sich in Göttweig nieder: Ältestes Baudenkmal ist die noch erhaltene Erentrudiskapelle

1074 Gründung durch Bischof Altmann von Passau als Chorherrenstift

1094 Benediktiner aus St. Blasien im Schwarzwald kommen nach Göttweig. Seither nahezu ununterbrochen Benediktinerkloster (Stift)

Ab 1718 – 65 Neubau von Kloster und Klosterkirche unter Abt Gottfried Bessel. Architekt ist Johann Lucas von Hildebrandt

1939 – 45 Enteignung durch die Nationalsozialisten. Seither wieder Benediktinerstift

BESONDERS SEHENSWERT

Gesamter Klosterkomplex mit der Klosterkirche als zentralem Ort. Hier besonders der Hochaltar mit den polychromen Maßwerkfenstern im Chor und die Krypta

Im Klosterhof die Erentrudiskapelle (Schlüssel an der Klosterpforte). Kaiserstiege im Nordflügel/Mittelbau/Kaisertrakt mit Deckenfresko. Kunstkammer im südlichen Eckturm (Führung).

Homepage: www.stiftgoettweig.at

Blick vom Klosterhof auf die Stiftskirche Heiligkreuz und die Dreifaltigkeitssäule

STIFT HEILIGENKREUZ
Ort der Kraft im Wienerwald

Diese Drei-Stifte-Kunst-Pilgerfahrt sollten Sie sich gönnen. Zu Lande mit der Bahn oder mit dem Auto – oder zu Wasser auf der Donau. Ich kann sie Ihnen nur ans Herz legen: vom Stift Melk kommend und in barocker Pracht schwelgend, im Stift Göttweig verweilen und dort den weiten Blick über die Wachau genießen und dann: Heiligenkreuz im Wienerwald. Wenn Sie dort, 15 Kilometer südwestlich von Wien eintreffen, denken Sie vielleicht ebenso spontan wie ich an den lateinischen Satz:

»Bernardus valles, montes Benedictus amabat.«
»Bernhard bevorzugte die Täler, Benedikt liebte die Berge.«

Zwar ist mir weder bei unseren zisterziensischen Mitbrüdern noch bei uns Benediktinern eine Ordensregel bekannt, die zwingend vorschriebe, ausschließlich entweder in Tälern oder auf Bergen zu siedeln – und es gibt auch Ausnahmen von dieser ungeschriebenen Regel. Aber es ist wahr und wohl auch geschichtlich so überliefert: Wir Benediktiner bevorzugen seit der Zeit Benedikts mit seiner Hauptgründung auf dem Montecassino die Berge und Hügel für unsere Klöster, während die Zisterzienser seit der Gründung von Cîteaux in Tälern, Senken, häufig auch in noch unwirtlichen Gegenden in der Nähe von Wasserläufen bauten und das Land kultivierten. P. Karl Wallner, Rektor der Hochschule am Ort, über die hier noch zu berichten ist, begründet die abgeschiedenen Tallagen vieler Zisterzienserklöster mit einer durchaus schlüssigen These: »Die meisten schönen Berglagen waren ja schon belegt (durch die Benediktiner), und der Adel als Grundherr hat uns dann die Plätze zugewiesen, die er nicht benötigte.«

So auch hier: von den fast majestätisch auf Felsplateaus über der Donauebene thronenden Stiften Melk und Göttweig hinunter in die beschaulich abgelegene Waldsenke von Heiligenkreuz. Von der sinnenfrohen barocken Welt in die Zeit der strengen Hochgotik. Hier die Mönche ganz in Schwarz, dort das schwarze Skapulier über dem weißen Habit: Der Kontrast könnte kaum augenfälliger sein.

Die Anziehungskraft von Heiligenkreuz, vor allem auch für junge Menschen, die sich in den letzten Jahren in überdurchschnittlich steigenden Eintritten in das Kloster dokumentierten, ist, so P. Karl Wallner, vor allem ein positives Zeichen für die Gottessuche einer Generation, »die alte Werte sucht«, aber er reflektiert auch eine »gewisse Claustrophilie, die wir kritisch begleiten müssen«.

Der Sohn des Gründers war selbst Zisterziensermönch

Für mich ist Heiligenkreuz auch deshalb ein ganz besonderer spiritueller Ort, weil er wie in einem Brennglas europäische Geschichte im Hochmittelalter widerspiegelt. Im Jahr 1133 als erste österreichische Zisterze gegründet vom Babenberger Markgraf Leopold III., dem Heiligen und Landespatron Österreichs (1073–1136), wurde Heiligenkreuz besiedelt von Morimond in Burgund, einem der vier Primarkloster des Ordens (siehe auch Kapitel über Morimond). Dafür gab es einen besonderen Grund: Der fünfte Sohn Leopolds, Otto, der spätere hl. Otto von Freising (1112–58), war 1132 in den jungen Orden der Zisterzienser eingetreten. Bereits mit 15 Jahren wurde er vom Vater zum Studium nach Paris gesandt, zur damals führenden theologischen Hochschule in Europa. Mit 26 Jahren wurde er zum Abt von Morimond gewählt, ein Amt, das er auch später nach seiner Wahl zum Bischof von Freising im gleichen Jahr bis zu seinem Lebensende beibehielt. Otto, Onkel Friedrich Barbarossas, war zugleich einer bedeutendsten Historiker seiner Zeit, schrieb zahlreiche Bücher (*Chronica*, *Gesta Friderici*) und förderte vor allem die Bildung in seiner Diözese. Ein Universalgenie seiner Zeit. Sein Reliquienschrein liegt unter dem Hochaltar der Stiftskirche von Heiligenkreuz.

Mönche im Kreuzgang auf dem Weg zum Chorgebet

Ein Studienort, wie man ihn sich schöner kaum wünschen kann

Aus dem Hochmittelalter wieder zurück in unsere Zeit. Heiligenkreuz ist trotz oder vielleicht gerade wegen seiner abgeschiedenen Lage ein höchst lebendiger Ort der geistlichen Kultur, ja, eine
Oase der Spiritualität. Dies verdankt das Stift auch der päpstlichen
Philosophisch-Theologischen Hochschule, die seit dem Papstbe-
such im Jahre 2007 nach Benedikt XVI. benannt ist und seit dem 13.
Mai 2013 erweitert wird. Im Jahr 1802, in der Zeit der Säkularisation
gegründet, bietet die Hochschule derzeit 250 Studentinnen und
Studenten aus dem In- und Ausland Studienplätze und erfreut sich
nicht nur bei Zisterziensermönchen und Novizen einer steigenden
Nachfrage.

Papst Benedikt XVI. bezeichnete Heiligenkreuz auch seiner
Hochschule wegen als »Ort der Kraft«. Ein Studienort, wie ich ihn
mir beschaulicher kaum vorstellen kann, und darin beziehe ich unsere päpstliche benediktinische Hochschule Sant' Anselmo in Rom
ausdrücklich mit ein.

Romanik vermählt sich mit Gotik

Das Herz der Kraft, die von diesem Ort ausgeht, ist seit jeher die Stiftskirche Heilig Kreuz. Gegen Ende des 12. Jahrhunderts wurde die dreischiffige Basilika in reinster Romanik vollendet, wie es den damaligen Idealplänen des Ordens entsprach. Ihr Mittelschiff wird in der Höhe von rundbogigen Obergadenfenstern reich belichtet. Im unteren Bereich fällt das Licht der Fenster des nördlichen Seitenschiffs indirekt ins Mittelschiff, hingegen ist es im südlichen Seitenschiff relativ dunkel, da auf seiner Außenseite der zweigeschossige Kreuzgang anschließt. Alle Schiffe werden in zehn gleich schmale Joche unterteilt, die in den Seitenschiffen von halbkreisförmigen Längstonnen und im Mittelschiff von typisch romanischen Kreuzrippengewölben überdeckt werden.

Wer dieses feierliche, schluchtartig lichtgedämpfte romanische Mittelschiff durchschreitet, richtet seinen Blick bereits auf den helleren, höheren Chor, der uns in eine andere Zeit führt, in die Zeit der Hochgotik im späten 13. Jahrhundert. Man tritt gleichsam nahtlos von einem Jahrhundert in das nächste. Ein wunderbarer Kontrast und zugleich eine wunderbare Einheit.

Als im 13. Jahrhundert die Zahl der Mönche auf über 400 anstieg, erforderte dies auch einen großflächigen Neubau. So entstand der neue hochgotische Hallenchor aus neun quadratischen, gleich hohen Jochen, nach Zisterziensertradition mit geradem Abschluss. Die äußeren Joche dieses größten gotischen Hallenchores in Österreich dienen hier zugleich als Chorumgang. Man steht staunend in dieser Raumschöpfung mit ihren hohen Spitzbogenfenstern, ihrem feingliedrigem gotischen Maßwerk und der Buntverglasung, die teilweise noch aus der Bauzeit um 1290 original erhalten geblieben ist.

Ganz unaufdringlich, eher dekorativ, hat aber auch die Zeit des Barock in der Stiftskirche ihren Beitrag geleistet. Das monumentale Altarbild, »Die Aufnahme Marias in den Himmel« von Johann Michael Rottmayr, fand ihren Platz an der südlichen Chorseitenwand. Der Altar in der Chormitte wird von einem neugotischen Baldachin überkrönt. Blickpunkt ist aber ein romanisches Triumphkreuz von 1138 in einer meisterhaften Kopie, das Christus als auferstandenen und erhöhten Herrn darstellt.

Chor mit Baldachin-Hochaltar und Triumphkreuz

In der reinen, weitgehend dekorations-abstinenten Innenraum-gestaltung der Zisterzienser bleiben diese Ausstattungsdetails nahezu Solitäre – mit einer Ausnahme: Das Chorgestühl von Giovanni Giuliani schmückt den Raum durch virtuose Details. Jede Wange, jedes Porträt ist anders, individuell, meist jubelnd singend und musizierend. Man könnte Stunden mit Physiognomie-Studien verbringen.

Nach dem Brauch des Ordens ist die dem Klosterhof zugewandte Fassade der Stiftskirche schlicht, schmucklos und unverputzt. Der barocke Turm ist eine Zutat des 17. Jahrhunderts (1674), früher zierte nur ein Dachreiter den Sakralbau.

Ein nahezu stilreines Ensemble aus dem Hochmittelalter

Die Mitte der Abtei, der Kreuzgang, ist dagegen seit der Zeit seiner Erbauung zwischen 1220 und 1250 in seinen frühgotischen Formen unverändert geblieben. Das achteckige Brunnenhaus im Südtrakt ist mit seinem Blendmaßwerk, den Maßwerkfenstern mit ornamentalen Grisailletafeln und Bildnissen der Stifter und Gönner, der Babenberger Markgrafen, besonders aufwendig gestaltet.

Um den würdevollen Kreuzgang gruppieren sich die ebenfalls stilrein aus der gotischen Gründungszeit erhaltenen Klosterge-

Jerusalem, Panorama mit der Altstadt und dem Tempelberg vom Ölberg aus bei Nacht

JERUSALEM
Stadt des Heiles und Pilgerziel für drei Religionen

»Deiner Herkunft und deiner Geburt nach stammst du aus dem Land der Kanaaniter. Dein Vater war ein Amoriter, deine Mutter eine Hetiterin«, das sagte Gott zu Jerusalem (Ez 16,3). Der Prophet Ezechiel, der im frühen 6. Jahrhundert v. Chr. wirkte, wusste wohl noch um die geschichtlichen Ursprünge der mehr als 4000 Jahre alten Stadt. Aus den Tontafelarchiven von Ebla in Nordsyrien aus der frühen Bronzezeit um 2400–2150 v. Chr. erfuhren Ausgräber im Jahr 1975 n. Chr. erstmals den in sumerischer Keilschrift geschriebenen Namen der Stadt: *Urusalim. Uru* bedeutet »Stadt«, *Salim* entspricht »Heil«. So war Jerusalem also schon vor 4000 Jahren die »Stadt des Heils«, die Heilige Stadt.

Seit der Zeit König Davids um 1000 v. Chr. Hauptstadt des wiedervereinigten Reiches der Israeliten, wurde Jerusalem auch zum bäude befinden sich im Besitz des Deutschen Vereins vom Heiligen Lande, der die Bauten unterhält.

Im Jahr 1906 wurden die ersten Mönche des Klosters Beuron nach Jerusalem entsandt. Die Abtei liegt inzwischen im Niemandsland zwischen Israel und Jordanien. Im Jahre 1951 wurde die Abtei von der Beuroner Kongregation abgelöst und der direkten Verwaltung des Abtprimas mit Sitz in Rom unterstellt. 1967, während des Sechstagekrieges, lag die Abtei im Feuer der Kriegsparteien. Seit 1973 besteht ein deutschsprachiges und ökumenisches Studienprogramm, das *Theologische Studienjahr Jerusalem* in Verbindung mit der Abtei. 1979 wählte die Gemeinschaft auf dem Sion zum ersten Mal selbst ihren Abt, den Prior des Priorats Chevetogne in Belgien, Nikolaus Egender. Die Abtei hat seit 1939 eine Niederlassung in Tabgha am See Genezareth; diese ist seit 2003 ein abhängiges Priorat und betreut die ebenfalls dem Deutschen Verein vom Heiligen Lande gehörende Brotvermehrungskirche in Tabgha. Seit dem 1. Mai 2011 ist an der Dormitio auch das Jerusalemer Institut der Görres-Gesellschaft (JIGG) angesiedelt.

Die Abtei beherbergt zudem eine besondere Art von Pilgern: Studenten und Studentinnen aus dem deutschsprachigen Raum, die jeweils für ein theologisches Studienjahr dorthin gehen.

Wenn Ihr Pilgerweg, liebe Leserin, lieber Leser, Sie einmal nach Jerusalem führt, möchte ich Ihnen die Ruhe und den Frieden des Dormitio-Klosters vor den Mauern am Zionstor ans Herz legen. In keiner anderen Stadt, auch nicht in Rom, werden Sie auf so verdichtetem Raum so viele altehrwürdige sakrale Kultstätten der drei monotheistischen Religionen treffen wie in der Altstadt von Jerusalem. Begegnen Sie nicht nur unseren christlichen Heiligtümern. Nehmen Sie sich die Zeit für alle, die jüdischen Synagogen und den islamischen Felsendom, die große Aqsa-Moschee. Gehen Sie nicht nur auf den christlichen Pilgerwegen durch die Altstadt, beten Sie auch an der Klagemauer. Besuchen Sie nicht nur den Teich Bethesda in der Altstadt, sondern auch den Siloahteich außerhalb der Mauer, die Zitadelle, die Königsgräber und Yad Vashem, die nationale Gedenkstätte für den Holocaust.

Atmen Sie die steingewordene und doch lebendige Geschichte der Begegnung zwischen Gott und den Menschen seit mehr als 4000 Jahren.

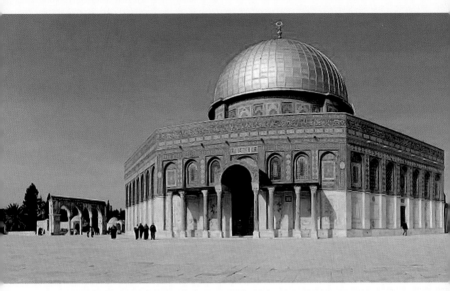

Der Felsendom auf dem Tempelberg

Jerusalem – Stadt des Heiles und Pilgerziel für Christen, Juden und Muslime

ECKPUNKTE AUS DER GESCHICHTE

Die gesamte Altstadt ist lebendige Geschichte. Sie begegnen auf Schritt und Tritt Heiligtümern der drei monotheistischen Religionen.

BESONDERS SEHENS- UND ERLEBENSWERT

Grabeskirche, Felsendom, Al Aqsa-Moschee, Königsgräber, Yad Vashem-Gedenkstätte

KLADRUBY (KLADRAU)
Westböhmens architektonisches Wunder

Sie werden, wenn Sie erstmals nach Westböhmen, ins hügelige, waldreiche Land zwischen Prag, Pilsen und dem Böhmerwald, kommen, überrascht sein. Hier, im Herzen dieser fruchtbaren Landschaft liegt das Kloster Kladruby, früher Kladrau, bis zum Jahr 1785 die größte Benediktinerabtei Böhmens.

Wenn Sie heute an der Autobahn Nürnberg – Pilsen. – Prag vor der Ausfahrt Stribro übers Land schauen, erblicken Sie linkerseits eine langgestreckte, ockerfarben-leuchtende Kirche mit rotem Ziegeldach, überragt von einem Vierungsturm, der mit einer goldenen Krone abschließt.

Schon die basilikalen Ausmaße der dreischiffigen Kirche – sie erstreckt sich über 86 Meter Länge – und die sie umgebenden Gebäude lassen ahnen, dass Kladrau ein großes und reiches Kloster gewesen sein muss. Tatsächlich genoss der benachbarte Ort Kladrau, strategisch günstig gelegen am »Nürnberger Handelsweg«, der wichtigsten Handelsader des mittelalterlichen Europas zwischen Mainz und Prag, bereits im frühen 13. Jahrhundert Marktprivilegien.

Dem Kloster, 1115 von Fürst Wladislaw I. gegründet, war in den Kolonisationsbestrebungen der damals in Böhmen herrschenden Premyslidenfürsten eine ähnliche strategische Bedeutung zugedacht.

Ein Reformkloster mit europäischen Verbindungen

Woher die ersten Mönche kamen, ist ungewiss. Sicher überliefert ist jedoch, dass bereits zwei Jahre nach der Gründung Benediktiner aus dem Reformkloster Zwiefalten in der Schwäbischen Alb nach Kladrau übersiedelten. Sie hielten sich an die strenge Ordensobservanz, und auch in den folgenden Jahrhunderten stammten die Klosteroberen überwiegend aus dem deutschspra-

Kloster Kladruby nach Norden

chigen Raum. Offenbar standen sie auch in ständiger Verbindung mit anderen Reformklöstern in Deutschland, Belgien und der Normandie.

Dieser Tradition entspricht auch die in Böhmen damals noch ungewöhnliche basilikale Bauweise der ersten, noch im romanisch-frühgotischen Stil erbauten Klosterkirche, die am 25. August 1233 in Anwesenheit von König Wenzel I. der Jungfrau Maria und dem hl. Wolfgang geweiht wurde.

Mehrmals geplündert und zerstört, immer wieder neu gegründet

Von den böhmischen Königen mit zahlreichen Schenkungen bedacht, entwickelte sich das junge Kloster über ein Jahrhundert stürmisch, bis es 1279 geplündert wurde und wiederum nahezu hundert Jahre benötigte, um zu alter Bedeutung zurückzufinden. In dieser Zeit wurde der Chor der Klosterkirche neu errichtet und mit kunstvollen gotischen Netzrippen eingewölbt.

Wechselvoll, zwischen zerstörerischem Krieg und blühenden Friedenszeiten, verliefen auch die folgenden Jahrhunderte.

Ende des 14. Jahrhunderts war das Kloster in den Machtkampf zwischen König Wenzel IV. und dem Prager Erzbischof Jan von Jenstejn verwickelt. Es sollte aufgelöst und sein Vermögen in die Gründung eines neuen Bistums in Westböhmen eingebracht werden. Die Aufhebung wurde zwar durch den Erzbischof mit der Wahl eines neuen Abtes verhindert, er konnte jedoch die Intrige gegen seinen Generalvikar Johannes von Pomuk (Johann Nepomuk) nicht verhindern – 1393 wurde er von der Prager Karlsbrücke herabgestürzt und in der Moldau ertränkt. 1729 wurde Johann Nepomuk heiliggesprochen und seither in Böhmen und Bayern gleichermaßen verehrt, ganz besonders aber in Kladrau.

In den Hussitenkriegen wurde das Kloster 1421 von den Hussiten erobert und anschließend vom Heer Kaiser Sigesmunds belagert. Die Benediktiner konnten erst 1435 ihr darniederliegendes Kloster wieder aufbauen.

Zu Beginn des 16. Jahrhunderts war der Konvent wieder so gewachsen und das Kloster wirtschaftlich wieder so kräftig, dass der Gebäudekomplex nach Süden und Südosten erweitert wurde und neue Gebäude für den Wirtschaftshof, eine Brauerei und eine Lateinschule entstanden. Diese Schule vermittelte – ein Beispiel der religiösen Toleranz – sowohl Katholiken wie Protestanten humanistische Bildung. Aus ihr ging unter anderen der bedeutende Schriftsteller und Denker Mikulas Dacicky von Heslov hervor. Mit dem Dreißigjährigen Krieg endete auch diese Zeit der Prosperität: Wiederum wurde das Kloster von beiden Seiten, den katholischen Kaiserlichen und den protestantischen Schweden, geplündert und nahezu vernichtet. Mit dem Westfälischen Frieden und den Bestrebungen der Habsburger, Böhmen wieder zu einem zentralistischen, katholischen Teil ihres Reiches zu machen, begann sich auch wieder das erloschene Leben der Benediktinerabtei zu erneuern. Mehr noch: Jetzt, nach 1660, begann die längste Blütezeit des Klosters, das uns seine heutige großartige barocke Gestalt und Substanz, wenngleich noch sehr renovierungsbedürftig, hinterlassen hat.

Unter Abt Maurus Fintzgut (1701–39) setzte die barocke Umgestaltung des Klosters ein, die uns als Höhepunkt eine Kirche geschenkt hat, die zu Recht als einzigartig bezeichnet werden kann.

LAON
Jerusalem in der Picardie

Welch ein Anblick! Als ich mich am Abend von Südwesten kommend Laon näherte, konnte ich nur noch staunen: Aus dem flachen Land der Picardie erhob sich ein Plateau, gut 100 Meter hoch, gekrönt von durchsichtig scheinenden Türmen, deren Zahl sich zunächst schwer ausmachen lässt. So könnte ich mir das irdische Jerusalem vorstellen.

Laon, die kleine Stadt mit 25 000 Einwohnern, besteht eigentlich aus zwei Städten: der mittelalterlichen, ruhigen Altstadt oben auf dem Plateau um die Kathedrale Maria Himmelfahrt, und der neuen, geschäftigen Unterstadt am Bahnhof. Von dort bringt seit einigen Jahren eine automatische Pendelbahn wie auf den Flughäfen die Bewohner und Touristen nach oben, ein Sinnbild zwischen den zwei Welten, die sie verbindet. Besonders Touristen sind gut beraten, dieses sehr preiswerte Verkehrsmittel auch zu nutzen, denn oben, auf dem Berg, sind Parkplätze nicht nur rar und teuer, die engen mittelalterlichen Gassen und Straßen sind für den Autoverkehr auch kaum geschaffen oder ohnehin gesperrt. Laon ähnelt nicht nur hier zwei anderen alten Städten: Volterra in der Toskana und Langres in Burgund.

Nach oben geht es also in drei Minuten in die zum Teil noch mauerbewehrte, über Jahrhunderte kaum einzunehmende geistliche Oberstadt, die im 9. und 10. Jahrhundert auch Hauptstadt des französischen Reiches war – nicht Paris! Das Ziel ist die langgestreckte Kathedrale mit ihren – inzwischen haben wir sie gezählt – fünf Türmen. Als der berühmte Architekt und Geschichtsschreiber des 13. Jahrhunderts, Villard de Honnecourt, diesen Sakralbau zum ersten Mal sah, schrieb er begeistert in sein Skizzenbuch: »Ich war an vielen Orten, aber nirgendwo habe ich schönere Türme gesehen als in Laon.« Man kann ihm auch heute noch zustimmen.

Dabei ist es nicht die absolute Höhe der fünf Türme – sie messen zwischen 56 und 60 Meter –, sondern ihre luftige Leichtigkeit, besonders im Übergang der unteren zwei quadatischen Geschosse zum dreigeschossigen Oktogon. Dass die Obergeschosse des rechten Turms der Westfassade in der Französischen Revolution einem Teilabriss zum Opfer fiel, ist ein Relikt der Verwirrungen der neueren Geschichte. Erhalten blieb ein amüsantes, einmaliges Beispiel im französischen Kathedralbau: die großen Ochsenfiguren aus Stein an den Obergeschossen der Fassadentürme: Damit würdigten die Baumeister die Arbeit der Ochsen für das mühsame Heranschleppen des Baumaterials. Ein wunderbares Zeichen!

Wir betreten die Kathedrale durch das Mittelportal der Westfassade, das uns die Krönung Mariens durch ihren Sohn vor Augen führt: Mutter und Sohn sitzen sich gegenüber, die Engel knien nieder und bringen Weihrauchgefäße herbei. Die flankierenden Portale verdienen die gleiche Aufmerksamkeit des Betrachters, weil sie in der Bildersprache der Gotik die Heilsgeschichte erzählen. Links das Portal der Geburt Christi mit der sitzenden Madonna und dem Jesuskind, dem die Heiligen Drei Könige huldigen, rechts das Portal des Jüngsten Gerichtes mit den Posaune blasenden Engeln, der offenen Tür für die klugen Jungfrauen und der verschlossenen Tür für die törichten Jungfrauen.

Im Innern tut sich ein gewaltiger Raum auf, der uns durch seine Klarheit, Einheit und Harmonie umfasst. Hier ist ein heiliger Bereich, wir lassen die laute Welt draußen zurück und schärfen unsere kontemplativen Sinne. Überraschend ist die Helligkeit des Langhauses, die durch das Licht der Obergadenfenster und den Vierungsturm hereinströmt. Noch ist in der frühen Phase der erstaunlich kurzen Erbauungszeit zwischen 1155 und 1220 der gewaltige Höhenzug der späteren gotischen Kathedralbauten in der näheren Umgebung wie in Reims oder Amiens nicht zu spüren – die Gewölbescheitel liegen in 26 Meter Höhe und damit im Bereich klassischer Zisterzienserkirchen – aber der Raum zieht den Blick dennoch nach oben, besonders im Vierungsturm mit der lichten Höhe von 45 Metern. Die Raumharmonie nach dem Goldenen Schnitt betont zugleich den Längenzug der Kathedrale bis zum geraden Chorabschluss mit den drei großen buntverglasten Lanzettfenstern. Man ist geneigt zu sagen, dass die Architekten die horizontale Linienführung mit einem vierteiligen Wandaufriss dem vertikalen Prinzip der Hochgotik noch vorgezogen haben. Nicht umsonst ver-

Das Mittelschiff mit dem hell erleuchteten Chor

Die thronende Schwarze Madonna mit dem Jesuskind aus dem 13. Jahrhundert

gleichen Kunsthistoriker dieses Kirchenschiff am ehesten mit dem vieler englischer Kathedralen. Hier weht der Geist, der noch einen Nachklang der romanischen Baukunst mit dem der neuen Zeit der steingewordenen gotischen Tempel des himmlischen Jerusalem verbindet.

Von der einst gerühmten Ausstattung der Kathedrale Notre-Dame de Laon ist vieles in den Bilderstürmen der Französischen

Revolution verloren gegangen. Was blieb, oder hinzukam, ist dennoch außerordentlich: die Glasfenster der Ostrose mit dem Marienzyklus, die byzantinische Ikonografie der drei Chorfenster mit dem Osterzyklus und die große Rose der Westfassade mit dem Auferstehungszyklus. Im nördlichen Querschiff sind – einziges Zugeständnis an die Zeit des Barock – zwei gegenüberliegende große Ölgemälde mit dem Motiv der Himmelfahrt Mariens aus italienischer Schule zu bewundern, in einer kleinen Seitenkapelle eine gotische Schwarze Madonna und im nördlichen Querschiff die berühmte thronende Madonna mit dem Kind, ebenfalls aus dem 13. Jahrhundert.

In Laon wirkt die im Vergleich zu den Kathedralen von Reims oder Metz wohldosierte Buntverglasung der – auch kleineren – Fensterflächen durchaus wohltuend. Die Kraft des Lichtes der Picardie wurde damit gleichsam zum gestaltenden Raumelement. So wirkt der große Sakralraum auch nach, wenn der Besucher wieder hinaustritt in die engen Gassen der Oberstadt. Sie ist ebenso eine kleine Wanderung wert, schon weil sich in ihr immer wieder überraschende Blicke hinunter ins Tal auftun. Keineswegs versäumen sollte man dabei eine Andacht in der hochgotischen Klosterkirche St. Martin am anderen Ende der Stadt und zumindest einen Blick in die romanische Templerkapelle aus karolingischer Zeit. Hier spürte ich, wie durch das kleine, lebhafte Städtchen der Hauch von 13 Jahrhunderten französischer, europäischer Geschichte weht. Ich stieg dann frohen Herzens wieder ein in die Pendelbahn hinter dem Rathaus und war wieder angekommen im 21. Jahrhundert.

Laon hat für Gregorianik-Forscher eine besondere Bedeutung. Der noch erhaltene Codex Laon 239 ist neben den Codices von St. Gallen und Benevent mit seiner eigenen Neumen-Schrift eine der wichtigsten Quellen für die Rekonstruktion des Gregorianischen Chorals.

Laon

ECKPUNKTE DER GESCHICHTE

1155 Baubeginn von Notre-Dame de Laon durch einen unbekannten Baumeister der frühen Gotik, wahrscheinlich aus dem normannischen Raum. Bauherr ist ein Zisterzienserkonvent

Um 1680 Wenige dezente Einbauten in den Seitenschiffen im barocken Stil

1791 der Bildersturm der Französischen Revolution legt die Obergeschosse des rechten Turms der Westfassade nieder. Die Kathedrale selbst bleibt weitgehend verschont

BESONDERS SEHENSWÜRDIGE KUNSTWERKE

Westfassade mit den Ochsenfiguren auf den Geschosssimsen der beiden Türme

Thronende Schwarze Madonna mit dem Jesuskind aus dem 13. Jahrhundert im nördlichen Querschiff

Glasfenster der Ostrose mit Marienzyklus

Drei Chorfenster mit Osterzyklus nach byzantinischer Ikonografie

Homepage: www.ville-laon.fr

Die Türme von Laon

MARIA LAACH
Die Schönheit am See

Wie viele Klöster bildet Maria Laach eine in sich geschlossene kleine Welt, eine Welt, in der wir uns geborgen fühlen. Eine Welt, die inmitten grüner Wälder, Wiesen und Felder liegt – und am Wasser, das uns Leben verheißt. Diese Sehnsucht erfüllt sich für mich in besonderer Weise in Maria Laach. In der *Abbatia Sanctae Mariae ad lacum*, Abtei der heiligen Maria am See.

Wir sind in der Eifel, inmitten eines geologisch hochinteressanten Fleckchens Erde, am größten Eifelsee, der sich hier auf fünf Quadratkilometer ausbreitet, nicht zu groß und nicht zu klein, und vor allem nicht verbaut oder verunstaltet durch Campingplätze (ein Campingplatz ist am See vorhanden). Ein Fleckchen Erde zum Durchatmen, zum Innehalten, zum Besinnen.

Hier liegt, in respektvollem Abstand zum Ufer des Laacher Sees (eigentlich eine Verdoppelung, denn »Laach« kommt vom lateinischen Wort *lacus* = See) inmitten unberührter Natur die Benediktinerabtei Maria Laach.

Ein Gelübde mit fast tausendjähriger Geschichte

Die Geschichte des Klosters am See, das heute noch wie zur Zeit seiner Gründung vor uns liegt, beginnt mit einem Gelübde: Heinrich II, Pfalzgraf bei Rhein, der sich nach seiner Burg Laach auf dem väterlichen Erbe »zu Laach« über dem Ostufer des Sees als erster und einziger »von Laach« nannte, versprach der Kirche, für sein und seiner Gemahlin Seelenheil und dazu als Grablege für beide wegen ihrer Kinderlosigkeit ein Kloster auf der gegenüberliegenden Seite des Sees am Südwestufer zu gründen. Der Platz war wegen der Frischwasserversorgung durch den »Beller Bach« und die gute Zugänglichkeit weise gewählt. So gründete er 1093 dem Gelübde gemäß mit seiner Gemahlin Adelheid von Weimar-Orlamünde († 28. März 1100) unter dem Doppelpatrozinium der Heiligen Jung-

STIFT MARIENBERG
Geistlicher Fixpunkt im Vinschgau

Südtirol ist mein liebstes Urlaubsrefugium. Nicht zuletzt dieses Ortes wegen. Wenn ich vom Reschenpass hinunterfahre ins Obere Vinschgau oder vom Unteren Vinschgau hinauf zum Reschenpass, freue ich mich jedes Mal auf diesen Anblick: dieses leuchtende Weiß, dieses gewaltige, beherrschende und doch nicht erdrückende Bauwerk – diesem Blick kann man sich einfach nicht entziehen: Jeder wird wie magnetisch angezogen von dem weißen burgähnlichen Viereck auf halber Höhe über dem Städtchen Burgeis: Wäre da nicht das eindeutige Zeichen eines doppelzwiebelgekrönten Kirchturms, könnte es auch eine stattliche Burganlage oder, wie die Tiroler sagen, Ansitz sein. Aber hier grüßt ein geistliches Zentrum: Das Stift Marienberg lädt ein. Mit einer Meereshöhe von 1340 Metern ist Marienberg das höchstgelegene Benediktinerkloster Europas.

Die Größe und Dominanz des Stiftes Marienberg am Ende des Südtiroler Obst- und Weintales Vinschgau hat viele weitgereiste Schriftsteller zum Vergleich mit dem Potala über Lhasa, dem früheren Palast des Dalai Lama, oder mit dem Escorial bei Madrid herausgefordert, wenngleich es viel bescheidener ist. Nun ja, jeder Vergleich hat bekanntlich einen Hinkefuß. Ich würde sagen, alle drei sind Monumente, Zentren des Glaubens, beide werden oder wurden von Mönchen bewohnt. Im Stift Marienberg sind es heute elf Mönche, die nach der Regel des hl. Benedikt leben, beten und arbeiten, und eine mehr als 800-jährige Tradition pflegen.

Weitverzweigte Beziehungen im Hochmittelalter

Die Benediktinerabtei Marienberg ist eine Stiftung der Edlen von Tarasp im Oberengadin aus dem 12. Jahrhundert. Der erste Sitz war in Scuol; von dort wurde er 1146 nach St. Stefan, einer romanischen Kirche aus dem 6./7. Jahrhundert am Marienberg, und 1150

Marienberg, Ur-Kapelle St. Stephan

Am 11. August 1992 besuchte Papst Benedikt XVI., damals Kardinal Joseph Ratzinger, die Abtei Marienberg und feierte in der Krypta einen Gottesdienst.

Abtei und Stift Marienberg geben heute Pilgern, die stets willkommen sind, und den vielen tausend Besuchern, die sich auf der Reise nach Süden zu einer Einkehr eingeladen fühlen, ein lebendiges Glaubenszeugnis. Hier, an der Schnittstelle zwischen den Kulturen des Christentums im nördlichen Alpenraum und auf dem Weg nach Süden, lädt der Marienberg ein, den Geist der Frömmigkeit und Gelehrsamkeit aus mehr als 900 Jahren zu erfahren.

Abtei und Stift Marienberg

ECKDATEN AUS DER GESCHICHTE

Um 1096 erste Gründung in Scuol durch die Grafen von Tarasp

1146 Transferierung nach St. Stefan

1150 wird das junge Kloster auf die sonnigere Süd-Ost-Terrasse über dem Marktflecken Burgisio (Burgeis) am Fuß des Reschenpasses verlegt

1201 wird die romanische Klosterkirche der Hl. Dreifaltigkeit, der Gottesmutter Maria und allen Heiligen geweiht. Die Krypta war bereits vorher fertiggestellt worden

1643–48 erhält die Abteikirche ihr heutiges frühbarockes Aussehen

1724 gründet die Abtei in Meran ein humanistisches Gymnasium, dem alsbald auch ein Knabenkonvikt abgeschlossen wird

1807 wird das Kloster im Zuge der Säkularisation aufgehoben. Auch das Gymnasium in Meran muss schließen, wird aber 1816 auf Wunsch von Kaiser Franz I. wieder hergestellt

1824 kehren Benediktinermönche auf den Marienberg zurück

1946–86 Privates Gymnasium in Marienberg

BESONDERS SEHENSWERTE KUNSTSCHÄTZE

Der gesamte Klosterkomplex als architektonische Einheit

Romanischer Freskenzyklus in der Krypta aus der Erbauungszeit

»Schöne Madonna« im Tympanon im Weichen Stil der Spätgotik

Stuckarbeiten im Renaissancestil in der Abteikirche

Prälatenkapelle im Querschiff der Abteikirche

Homepage: www.marienberg.it

STIFT MELK
Wie ein Schiff in der Brandung

An einem Sommerabend auf der Altane des hoch über der Donau nach Westen, der Abendsonne entgegen, kann dem Besucher der Geist dieses Ortes erst richtig bewusst werden: Es ist ein Ort von barocker Frömmigkeit und großartiger, monumentaler Prachtentfaltung, ja gewiss, aber zugleich von weit darüber hinausgehender Sinnhaftigkeit. Hier manifestiert sich der himmelwärts gerichtete Glaube einer künstlerisch euphorischen Epoche mit einem symbolhaften Anspruch von geradezu biblischer Analogie.

Melk ist ein Symbol für den Strom des Lebens. Das Stift Melk ist nicht nur ein Kloster, ein Ort geistlichen Lebens; es ist wie ein Schiff in der Brandung stürmischer Zeiten, das unbeirrt seinen Kurs durch die Jahrhunderte hält, entgegen den Strömungen der Zeiten, die sich hier in der ewigen Präsenz des Stromes auch ganz konkret darstellen. Man braucht auch nur wenig Phantasie, um sich hier oben, auf der Altane, wie ein Kapitän auf der Brücke einer riesigen Arche Noah zu fühlen, hinter sich das Schiff des Glaubens, das Kunst und Kultur trägt. Mir fiel hier spontan das mittelalterliche Adventslied »Es kommt ein Schiff geladen ...« ein, das die symbolhafte Kraft des Ortes kaum besser ausdrücken könnte. Ein ähnliches Bild prägte Abt Georg Wilfinger (Leitspruch: »*In Gaudio servire*«, der 67ste Abt in der ins Jahr 1089 zurückreichenden Geschichte des Stiftes, als er den Konvent mit einer Schiffsbesatzung verglich: »Jeder hier an Bord weiß um seine geschichtliche und gegenwärtige Verantwortung, das Wort und die Liebe Gottes in die Zukunft zu tragen ...«

Hinzufügen möchte ich, dass ich mich hier nicht nur wie an Bord eines Schiffes gefühlt habe, sondern auch wie auf einem Felsen in der Brandung, nach dem urchristlichen Spruch: »*Fluctuat, nec mergitur*« – es fließt, aber es geht nicht unter. Dieses Gefühl entspricht ja auch einer der drei Prinzipien der Benediktiner, der *stabilitas loci*, der Ortsgebundenheit. An diesen Ort kann man sich nicht nur gebunden fühlen, sondern auch in ihm wohl und geborgen fühlen.

Die Westfront von Stift Melk mit der Kirchenfassade, dem Kolomanihof, Marmorsaal (rechts) und Stiftsbibliothek (links)

Stift Melk, Gesamtansicht über der Stadt mit Donaulände

1736, geschaffen wurde. Wie häufig in der Epoche des Hochbarock, trafen hier zwei Charaktere aufeinander, die gemeinsames im Sinn hatten: Kunst zu manifestieren, welche die Zeiten überdauert. Und die heute, nach nahezu 300 Jahren, noch unverändert Bestand hat. Abt Berthold war der am längsten amtierende Abt des Stiftes Melk. Ein zeitgenössisches Porträt im Vorraum des Marmorsaals zeigt ihn im Ornat des Rektor Magnificus der Wiener Universität.

Man mag dem imposanten äußeren Erscheinungsbild des Stiftes vielleicht auch imperiales Gepräge abgewinnen, und das ist auch durchaus nicht abwegig, wenn man die Geschichte zurückverfolgt und in Betracht zieht (siehe Infokasten), doch erscheint mir das eher oberflächlich. Prälaten hatten in dieser Epoche – siehe auch Stift Göttweig – eben auch repräsentative Aufgaben, die sie heute (gottlob) nicht mehr wahrnehmen müssen. Ein Marmorsaal und eine Kaiserstiege aus Repräsentationsgründen wären heute nicht mehr vorstellbar. Und doch sind auch sie uns heute Vermittler einer religiösen Kultur, die wir bewundern, weil sie letztlich auch der höheren Ehre Gottes dienten. Auch deshalb ist es wichtig, unseren Blickwinkel in das Innere zu richten.

Ein Höhepunkt sakraler Kunst

Treten wir also ein in das geistige Herz und den Mittelpunkt des Klosters, die Stiftskirche der St. Petrus und Paulus. Für mein Empfinden ist diese Kirche ein Höhepunkt sakraler Kunst der Barockzeit.

Ich kenne auch in Rom keine Kirche, die dem spirituellen Geist dieser Zeit mehr entspräche. Hier verdichten sich Architektur, auf die intensiven Farben Rot und Gold abgestimmte Farbigkeit, Licht, Plastik und Freskomalerei zu einem einzigartigen Gesamtkunstwerk. Seine intensivste Wirkung entfaltet dieser Geist aber erst, wenn die Orgel den Raum erfüllt, wenn die Altarkerzen flackern und der Duft des Weihrauchs in der Liturgie den Sinn dieser Pracht erschließt. In diesem schwingenden Raum, groß, aber nicht überwältigend, fühlt sich jeder – gläubig oder nicht gläubig – geborgen. Die nahezu plastisch wirkenden Fresken von Johann Michael Rottmayr (1656–1730), die triumphierende Kirche versinnbildlichend, unterstreichen noch dieses Gefühl der inneren Ruhe.

Innenraum der Stiftkirche St. Petrus und Paulus mit Blick in die Vierungskuppel

Hier erscheint mir wichtig, das theologische und ikonographische Programm dieser Kirche richtig zu verstehen. Es erzählt uns in der Bildersprache von Malerei und Skulptur nicht nur das Leben des hl. Benedikt und seine Rolle in der Nachfolge Christi, sondern stellt uns vor allem auch das Kreuz als Sinnbild christlichen Lebens vor Augen. Das Kreuz begegnet uns hier überall: Über dem Giebel der doppeltürmigen Westfront als Siegeszeichen, in den Deckenfresken als Heilszeichen und über dem Hochaltar als Wegweiser und Ziel christlichen Lebens.

Die Bibliothek ist nach der Kirche der zweitwichtigste Raum eines Benediktinerklosters. Die Melker Bibliothek ist auf zwei Haupträume und zehn Nebenräume aufgeteilt, die von Deckenfresken des Südtiroler Malers Paul Troger überwölbt sind. Das Fresko im Hauptraum stellt einen geistlichen Gegenpol zum Deckenfresko im Marmorsaal her. Es zeigt eine Allegorie des Glaubens, eine Frau, die das Buch mit sieben Siegeln, das Lamm der Apokalypse und einen Schild mit der Geisttaube hält, umgeben von Engelsfiguren und allegorischen Verkörperungen der vier Kardinaltugenden Klugheit, Gerechtigkeit, Starkmut und Mäßigung.

Die Stiftsbibliothek, eine der kostbarsten Europas, beherbergt ca. 1800 Handschriften seit dem 9. Jahrhundert, darunter eine Vergil-Abschrift aus dem 10.–11. Jahrhundert. Erst 1997 wurde ein Fragment einer Abschrift des Nibelungenliedes aus dem 13. Jahrhundert entdeckt. Dazu kommen 750 Inkunabeln. Insgesamt umfasst die Bibliothek rund 100 000 Bände, darunter zwei Exemplare der von Anton Koberger gedruckten Schedelschen Weltchronik. Diese für wissenschaftliche Arbeiten auch öffentlich zugängliche Schatzkammer der Geschichte ist der Stolz des Konvents. Zu Recht.

Humorvolle Pointen, die Benediktinern gut anstehen

Beim Rundgang durch den Klosterkomplex, der meist im Prälatenhof beginnt, einem fürstlichen Empfangsbereich mit einem Springbrunnen im Mittelpunkt, sollte man sich auch Zeit nehmen für den Stiftspark nach Art eines barocken Gartens wo die dort versammelten Raben, Mönche darstellend, grüßen. Der langhaarige Rabe sitzt hier stellvertretend für Abt Georg Wilfinger, zwei weitere weisen physiognomische Ähnlichkeiten mit Altabt Burkhard und Pater Gregor auf. Eine humorvolle und selbstironische Pointe, die uns meist eher ernst und würdevoll auftretenden Benediktinern gut ansteht. Für mich sind auch diese scheinbaren Nebensächlichkeiten Hinweise auf den Geist eines Ortes ...

Der schwarze Rabe, daran sei erinnert, ist seit jeher ein benediktinisches Symbol. Er war unserem Ordensgründer Benedikt ein

Die Raben der Künstlerin Ingrid Hralovec im Stiftspark. Sie stehen von links nach rechts für Altabt Burkard (den weisen Raben), für Pater Gregor und für Abt Georg.

treuer Begleiter und Bote, der ihm einmal sogar das Brot, mit dem er vergiftet werden sollte, fortgetragen hat und ihm manch anderen Auftrag erfüllte.

An den fröhlichen Stiftspark schließt sich der eher meditative Benediktusweg an, der in zwölf Stationen Texte aus der Regel des hl. Benedikt offeriert. Sehenswert ist auch der Paradiesgarten (*locus amoenus*), angelegt nach dem Vorbild des Reichenauer Dichtermönchs und Geschichtsschreibers Walahfried Strabo aus dem 9. Jahrhundert (siehe Kapitel Reichenau). Dort kann man über das ganze Vegetationsjahr 200 verschiedene Pflanzen beim Blühen, Reifen, Verausgaben und Vergehen erleben. Solange diese Sehnsucht nach dem Paradies in uns wach bleibt, sind wir auf dem Weg dorthin.

Der Generationenvertrag, einen so großen Gebäudekomplex zu erhalten, stellt den Konvent vor große Aufgaben, die Gestaltungskraft und Phntasie erfordern. Ich beneide meine Amtsbrüder darum nicht und bewundere ihre Gelassenheit, diese vielfältigen wirtschaftlichen Probleme zusätzlich zu ihren pastoralen Aufga-

MONT SAINT-MICHEL
Der heilige Berg im Meer

Jeder Ort, den ich hier zu beschreiben versuche, ist einzigartig. Einzigartig durch seine geographische Lage, seine Geschichte, seine Aura, seine Stimmungen. Der Mont Saint-Michel ist auch einzigartig in seiner Metamorphose, die mir im Gedächtnis geblieben ist.

Trugbild oder Tatsache? Wahn oder Wirklichkeit? An einem Herbstmorgen, wenn über dem Wattenmeer an der normannischen Küste bei Flut der Nebel aufsteigt und sich wieder lichtet, wenn sich der Felsen im Meer langsam enthüllt und wieder verbirgt, stellen sich dem Pilger zum Mont Saint-Michel bisweilen solche Fragen und Zweifel. Jährlich zählt das Heiligtum, seit 1979 Weltkulturerbe, mehr als drei Millionen Besucher. In Frankreich wird nur der Eiffelturm in Paris von mehr Menschen besucht.

Genau betrachtet war die nur einen halben Quadratkilometer große Felseninsel im Ärmelkanal keine Insel mehr, seitdem 1879 ein rund einen Kilometer langer Damm den Berg mit dem Festland verband. Die ökologischen Probleme, die der Damm im höchst sensiblen Wattenmeer buchstäblich aufgeworfen hat, sind jetzt gelöst, seit im Juli 2014 der feste Damm durch eine Stelzenbrücke ersetzt wurde, und dadurch die Verlandung wieder rückgängig gemacht wird. Gleichzeitig sollen die in den Mündungsfluss Couesnon ein- und zurückflutenden Wassermassen durch ein Gezeitenkraftwerk nutzbar gemacht werden.

Ein Gesamtkunstwerk der Schöpfungsgeschichte

Mancher Besucher, einer von mehr als drei Millionen jährlich, der trockenen Fußes vom Parkplatz über die neue, 800 Meter lange Stelzenbrücke wandelt, oder mit dem Pendelbus fährt, mag sich dabei fragen, wie früher, seit mehr als 1300 Jahren, die gewaltigen Massen von Baumaterial in der kurzen Zeitspanne zwischen Ebbe und Flut auf die Insel transportiert worden sind. Nachdem die Wege

Mont Saint-Michel bei Flut, verbunden durch die neue Stelzenbrücke

durch das Watt zwar für Barfußgänger, nicht jedoch für Ochsenkarren geeignet waren, behalf man sich mit flachen Transportkähnen, Schaluppen. Der Weg zum Mont Saint-Michel war für die Pilger früher nicht ungefährlich, sie mussten bei der Überquerung des Watts den tückischen Treibsänden entgehen und dem Tidenhub von 13 Meter rechtzeitig entkommen – einem der höchsten der Welt –, um den Klosterberg zu erreichen. Der Rat »Gehst Du zum Mont, vergiss nicht, Dein Testament zu machen« erinnert an die zahllosen Pilger, die in der Brandung ums Leben kamen.

Besiedelt war das karge Felseneiland wohl bereits von den keltischen Urbewohnern der Normandie. Vor dem Bau des ersten christlichen Gotteshauses im frühen 8. Jahrhundert trug die Insel den Namen *Mont-Tombe*. Die Bewohner der Umgebung erklären diesen Namen mit dem Ausdruck für eine grabähnliche Erhebung, französisch *tombe*. Dies stimmt überein mit indoeuropäisch *tum* (Erhebung), woraus dann *tumba* und *tumulus* wurde. *Tombelaine*, der Name der kleinen, etwas nördlich gelegenen Insel, ist die Verkleinerungsform von *Mont-Tombe*.

Wie eine Pyramide türmt sich der Klosterberg auf, je nach Tageszeit in sämtlichen Farben des Spektrums beleuchtet. Auf dem Felsen, 46 Meter hoch, erheben sich der Klosterkomplex und die Abteikirche zu einer Gesamthöhe von mehr als 100 Metern – eine imposante Gottesburg über dem Meer. Der französische Schriftsteller Victor Hugo nannte den Mont-Saint-Michel ein »Gesamtkunstwerk, das uns die Schöpfungsgeschichte jeden Tag neu vor Augen führt«.

Nach der Legende erschien 708 der Erzengel Michael dem Bischof Aubert von Avranches mit dem Auftrag zum Bau einer Kirche auf der Felseninsel. Aber der Bischof folgte der mehrfach wiederholten Aufforderung nicht, bis der Engel ihm mit seinem Finger ein Loch in den Schädel brannte (der Schädel von Aubert mit dem Loch wird in der Kirche St-Gervais in Avranches aufbewahrt; in Wahrheit dürfte es sich jedoch um einen trepanierten Schädel aus dem Mittelalter handeln). Im Zeitraum 708–709 errichtete der hl. Aubert dann ein erstes Sanktuarium zu Ehren des Erzengels Michael.

Im Jahr 933 annektierten die Normannen die Halbinsel Cotentin, wodurch die Insel strategisch bedeutsam an die Grenze zur Bretagne zu liegen kam. Eine erste Kirche im vorromanischen Stil wurde errichtet, und die festungsartige Insel widerstand den Raubzügen der Wikinger. Um das Jahr 965/966 gründete eine Gruppe von Benediktinermönchen das Kloster. In den folgenden Jahrhunderten finanzierten Herzöge und Könige die großartige Architektur des Klosters. 1017 begann Abt Hildebert II. mit dem Bau der zentralen Klosteranlage, die erst 1520 fertiggestellt sein sollte. Von 1023 bis 1084 wurde eine erste romanische Abteikirche errichtet.

44 Bewohner und 400 Mitarbeiter kümmern sich um Tausende von Pilgern und Touristen

Der steile Weg hinauf zum Klosterkomplex und zum Museum führt unweigerlich durch die Grande Rue, die enge Gasse, umsäumt von Gaststätten, kleinen Hotels und Souvenirläden. Nur 44 permanente Bewohner zählt die Gemeinde von Mont Saint-Michel – außer den Brüdern der Fraternité de Jerusalem, die seit 1966 im Kloster leben. An normalen Arbeits- und Werktagen kümmern sich jedoch mehr als 400 Beschäftigte vom Festland um die vielen Tausend Touristen und Pilger, die täglich herbeiströmen.

Der hoch aufragende Klosterberg, wie wir ihn heute sehen, entstand in mehr als 500 Jahren. Die einzelnen Bauphasen zeigen sich in den Stilformen der Romanik, der Gotik und des Klassizismus. Die Klosterbauten auf dem Mont-Saint-Michel wurden bereits im Mittelalter als *merveille* = Wunder bezeichnet, da sich kaum jemand vorzustellen vermochte, wie man auf der Spitze eines Berges einen derart gewaltigen Gebäudekomplex in drei Ebenen planen und errichten konnte.

Ein Wunder der Architektur

Wer in die Abteikirche Notre-Dame eintritt, ist nicht nur überwältigt von der Feierlichkeit und Schönheit des Raumes, seiner Architektur, ihm wird auch bewusst, in einer einzigartigen Kirche zu sein. Der ganze Raum scheint zwischen Himmel und Erde zu schweben, der Blick in den lichtdurchfluteten Chor scheint in die Ewigkeit zu führen. Tatsächlich ruht das Gebäude auf drei Krypten, die wiederum auf den Mauern der ebenfalls zur Krypta umgewandelten alten karolingischen Kirche aus dem 10. Jahrhundert stehen. Damit erinnert diese Krypta, genannt *Notre-Dame-sous-terre* an das erste Gotteshaus auf dem Felsen. Eine statische Meisterleistung, wenn man bedenkt, dass die ursprüngliche Felsspitze genau unter der Vierung liegt. Das romanische Hauptschiff wurde nach der Eroberung durch die Normannen (Wilhelm der Eroberer, 1066) vollendet und diente als Abteikirche der englischen Könige.

Die kühnen Pläne, auf dem engen Granitplateau eine Abtei zu errichten, standen zunächst unter keinem guten Stern. Immer wieder stürzten Wände ein, und erst in der Mitte des 12. Jahrhunderts konnte die Kirche nach Errichtung der Kreuzgratgewölbe und des Vierungsturmes vollendet werden. Der spätgotische Chor, von 1446 bis 1521 erbaut, zählt zu den großartigsten Raumschöpfungen der Sakralarchitektur in Frankreich.

Für nahezu alle Bauten auf dem Klosterberg wurde Granit verwendet, den man auf kleineren benachbarten Felseninseln (Chausey-Inseln) brach, grob bearbeitete und mittels Flößen, Booten und

Die Abteikirche mit dem lichten, spätgotischen Chor

Mont Saint-Michel bei Ebbe mit der Nachbarinsel Tombelaine

Lastkähnen herbeischaffte; die Feinarbeiten erfolgten vor Ort. Aus dem äußerst wetterbeständigen Granit ließen sich jedoch keine feingearbeiteten Skulpturen fertigen, und so mangelt es dem gesamten Bau an bildhaftem Schmuck. Lediglich einige vor salzhaltigem Regen und Wind geschützte Bauteile im Chor der Abteikirche sowie im Kreuzgang sind aus dem leichteren und feiner zu bearbeiteten Kalkstein gefertigt, der allerdings aus größerer Entfernung herbeitransportiert werden musste.

Die Geschichte, vor allem die Baugeschichte des Mont Saint-Michel lässt sich im Museum im Klosterhof in allen Zeitspannen und Details nacherleben. Der Besucher, der vielleicht in der Erwartung gekommen ist, das »achte Weltwunder« zu sehen, wird sich in seinen Eindrücken ebenso bestätigt finden, wie der Pilger, der erlebt, dass sich die Kraft des Glaubens zur höheren Ehre Gottes in dieser Gottesburg im Meer, auf diesem Berg in besonderes Weise manifestiert.

Mont Saint-Michel – der heilige Berg im Meer

ECKDATEN DER GESCHICHTE

707–708 errichtet der hl. Aubert ein erstes Sanktuarium auf dem Berg vor der Küste im Meer

933 bauen die Normannen eine frühromanische Kirche

966/967 gründen Benediktinermönche ein Kloster auf dem Berg

1017 beginnt Abt Hildebert II. mit dem Bau der Klosteranlage, die in vielen Teilen noch heute erhalten ist

1023–84 wird die erste romanische Abteikirche erbaut, auf deren Fundamenten die Kirche noch heute ruht. Sie ist zugleich Abteikirche der englischen (normannischen) Könige

1466–1521 wird der spätgotische Chor errichtet

BESONDERS SEHENSWÜRDIGE KUNSTWERKE

Der Mont Saint-Michel und sein Kloster bilden als Ensemble ein Gesamtkunstwerk, aus dem der gotische Chor der mystischen Abteikirche herausragt

Nicht versäumen sollte man den Besuch der drei Krypten aus der romanischen Bauphase des Klosters (*Notre-Dame-sous-terre*) und des gotischen Kreuzgangs

Homepage: www.mont-saint-michel.monuments-nationaux.fr

MONT SAINTE-ODILE
Wo sich die Augen öffnen

Als Ottilianer verbindet mich mit dem Geburts- und Wirkungsort der hl. Ottilie verständlicherweise eine besondere Beziehung. Schon deshalb war ich sehr gespannt, als ich zum ersten Mal hier heraufkam.

Der Weg, der das Ziel lohnt, war früher sehr lang und beschwerlich, und er ist es für die vielen Pilger, die ihn heute noch zu Fuß ersteigen, eine sportliche Herausforderung: sieben Kilometer und 500 Höhenmeter vom Tal in Barre oder Ottrott aus auf den Mont Sainte-Odile, den Ottilienberg, die »geistige Hochstätte« der Elsässer, Heiligtum und Wallfahrtsort zugleich.

Die Heilige wurde im Mittelalter zur Patronin aller Blinden und Augenkranken, besonders im süddeutschen Raum. So gelangte ihr Kult bis Emming in Oberbayern, dem heutigen St. Ottilien. Eine Figur auf dem Hochaltar zeigt uns die Ottilia mit einem Buch in der Linken, darauf zwei Augen, und mit der Rechten reicht sie ein weiteres nach unten. »Lumen Caecis«, »Licht den Blinden« wie der greise Simeon Jesus bezeichnet, ist daher ein willkommenes Motto, unter dem die Ottilianer Missionsarbeit steht.

Wie die meisten Pilger – es sind mehr als eine Million im Jahr – fuhr ich mit dem Auto herauf, auf einer gut ausgebauten Zufahrtsstrasse, die sich oben durch den roten Sandstein der Vogesen schlängelt, den Stein, aus dem der Klosterkomplex gleichsam herauswächst. Alle, Wanderer oder Autofahrer erfreuen sich dann oben auf der Aussichtsterrasse bei klarem Wetter über den weiten Blick über das fruchtbare Land bis hinüber nach Straßburg und in den Schwarzwald. Hier öffnen sich die Augen für die Schönheit der Schöpfung Gottes, hier, wo vor uns schon Generationen von Dichtern und Malern die geheimnisvollen Wunder der Natur gepriesen und die Augenblicke festgehalten haben.

Der Odilienberg hat seit Urzeiten die Menschen auf sich gezogen, lange bevor er seinen Namen erhielt: Archäologen vermuten,

Kapelle mit dem Sarkophag der hl. Odilie

eine Kapelle, die dem hl. Johannes dem Täufer geweiht wird, eine Klause und einen Kreuzgang errichten. Sie denkt vor allem an die Armen und Kranken. Für diejenigen, welche den langen Weg hinauf zum Berg besonders im Winter nicht mehr gehen können, baut sie am Fuß des Berges ein zweites Kloster, Niedermünster, mit einer Obdachlosen- und Krankenversorgung. Die Legende erzählt, dass Odilia eines Tages vom Niedermünster hinaufsteigt und dabei einem blinden, durstigen Bettler begegnet. Sie wird von Mitleid gerührt, klopft an einen Felsen, und Wasser beginnt zu fließen, das den blinden Mann heilt. Die noch heute sprudelnde Odilienquelle soll der Ursprung der Stätte unterhalb des Klosterberges sein, die 1300 Jahre später noch immer von gläubigen Pilgern aufgesucht wird.

Die heutigen Klostergebäude sind bis auf die Kirche und ihre Annexe schlicht und stammen überwiegend aus dem 17. Jahrhundert. Kriege, Brände und Verwüstungen, zuletzt in der Französischen Revolution, setzten der Abtei mehrmals ein Ende. Das Kloster Niedermünster wurde 1542 in den Religionskriegen völlig zerstört und blieb seither Ruine. Vier Jahre später zerstreuten sich

die Klosterfrauen auf dem Hohenberg, und die Kongregation der Schwestern der hl. Odilia hörte auf, zu existieren. Der Bischof von Straßburg bittet schließlich die Prämonstratenser von Etival, über das verlassene Grab der Heiligen zu wachen. Nach dem Dreißigjährigen Krieg erblüht die Wallfahrt auf den Odilienberg aufs Neue.

Seit dem Jahr 1853, durch eine Kollekte unter den Elsässer Katholiken, ist das Bistum Straßburg verantwortlich für den Odilienberg. Die Betreuung der Pilger obliegt zunächst einer Gemeinschaft von Franziskanerinnen, seit 1889 der Straßburger Kongregation der Schwestern vom Heiligen Kreuz. Am 11. Oktober 1988 besuchte Papst Johannes Paul II. den Ottilienberg und segnete das Elsass mit den Worten, die das Land noch heute bewegen:

»Dein Segen, Herr, komme herab auf dieses Land, auf die Städte und Dörfer, auf die Verantwortlichen des Gemeinwohles, auf diejenigen, die auf allen Ebenen am Aufbau Europas mitwirken, auf die Familien und Gemeinschaften, auf die Pfarreien und Bewegungen, auf die Kinder und Jugendlichen, auf die Kranken und Behinderten, auf die Fremden und alle, die außerhalb der Grenzen wohnen.«

Mont Sainte-Odile – wo sich die Augen öffnen

Ca. 2500 v. Chr. befestigte Besiedlung in der Bronzezeit (Heidenmauer)

685 Herzog Adalrich vermacht seiner blinden Tochter den Besitz Hohenburg, auf dem sie ein Frauenkloster gründet

690 Neben der Klause wird eine dem hl. Johannes dem Täufer geweihte Kapelle sowie ein Kreuzgang errichtet

Ca. 700–720 Am Fuße des Berges erbaut der Konvent ein zweites Kloster, Niedermünster, das der Versorgung der Armen, Kranken und Obdachlosen gewidmet ist

1542 wird das Kloster Niedermünster in den Religionskriegen völlig zerstört und ist seither Ruine

1650 beruft der Bischof von Straßburg Prämonstratenser auf den Ottilienberg. Die Wallfahrt blüht wieder auf

1655 wird die Wallfahrtskirche wieder aufgebaut. Nur der gotische Annex mit der Grabplatte der hl. Ottilie war erhalten geblieben. Auch die Klostergebäude werden neu errichtet

1802 wird der Klosterberg im Zuge der Säkularisierung versteigert. Die Wallfahrt kommt jedoch nicht zum Erliegen

1853 erwirbt das Bistum Straßburg mit einer Kollekte der Gläubigen das Kloster zurück. Danach wird der Ort zunächst von Franziskanerinnen betreut

1889 übernimmt die Straßburger Kongregation der Schwestern vom Heiligen Kreuz Kloster und Wallfahrt und führt beides bis heute fort

1920 zum 1200. Todestag der hl. Ottilie kommen 100 000 Pilger herauf

1946 wird die hl. Ottilie von Papst Pius XII. zur Schutzpatronin des Elsass ausgerufen. Wieder strömen mehr als 100 000 Gläubige herbei

Am 11. Oktober 1988 besucht Papst Johannes Paul II. den Ottilienberg und segnet das Elsass

BESONDERS SEHENSWERT

Odilienquelle unterhalb des Klosters (kleiner Fußweg)

Mauerreste einer frühen keltischen Besiedlung und eines römischen Kastells

Grab der hl. Ottilie im Annex der Klosterkirche

Ruine Niedermünster bei Ottrott

Homepage: www.mont-sainte-odile.fr

MONTECASSINO
Wiege Europas am Ursprung der Kulturen

Aus dem Dunkel taucht in den ersten Sonnenstrahlen die Abtei Montecassino auf, einsam gelegen auf einem Bergvorsprung des Monte Cáiro.

Der stets neu anbrechende Morgen ist ein Symbol für dieses beeindruckende Bauwerk der Barockzeit. Denn es stammt gar nicht aus der Barockzeit. Es wurde aus dem Schutt des Zweiten Weltkriegs millimetergenau nach dem barocken Vorbild wieder aufgebaut. Es ist ein Mahnmal menschlicher Zerstörungslust und der Perversion des Krieges. Obwohl bekannt war, dass sich im Kloster keine deutschen Soldaten befanden, wurde es von den Alliierten im März 1944 bis auf die Grundmauern niedergebombt. Der Abt und seine Brüder überlebten in einem tief gelegenen Raum, der Zelle des hl. Benedikt, und traten, mit dem Kreuz voraus, aus den Ruinen, Gott dankend und preisend.

Ein Kloster dem Erdboden gleichzumachen ist der Widersinn schlechthin. Denn wie bei vielen Klöstern steht über dem Eingang von Montecassino: »Pax – Friede«. »Suche den Frieden und jage ihm nach«, sagt die Regel Benedikts: Friede mit den Brüdern, Friede mit sich selbst durch den Frieden mit Gott. Nach dem Krieg wurde Montecassino zu einem Brennpunkt für den Frieden in Europa

Der Wiederaufbau von Montecassino, der sich über 13 Jahre hinzog, ist eine andere wunderbare Geschichte: Er war eine großartige Gemeinschaftsleistung von Konvent, der Diözese und von Spendern aus aller Welt, vor allem aus den USA. Vom italienischen Staat flossen kaum Mittel: Es gibt in Italien keine Kirchensteuer, die hätte herangezogen werden können ...

Von Anfang an war dieses Kloster zum Ausgangsort europäischer Kultur geworden. Im Jahre 529, der Zeit der Gründung dieses Klosters, wurde in Athen die Philosophenakademie geschlossen. Die Weisheit der Griechen und Römer war aufgegangen in der christlichen Weisheit. Sie wurde von hier aus von den Mönchen über den ganzen Kontinent getragen.

Blick vom Brunnenhof in die Ebene von Cassino

Der Berg war bereits den Griechen und Römern heilig

In vorchristlicher Zeit war der Montecassino zwischen Rom und Neapel Ort eines heidnischen Heiligtums. Obwohl bereits zweihundert Jahre vergangen waren, seitdem der erste römische Kaiser, Konstantin, sich zum Christentum bekehrt hatte, stand auf dem Berg, den sich Benedikt als den Ort des Neubeginns erwählt hatte, noch immer ein Apollotempel.

»Als der heilige Mann fortzog (von Subiaco), wechselte er zwar den Wohnsitz, nicht aber den Feind«, sagt Papst Gregor gleich in einer Überschrift, ehe er zu erzählen beginnt, was der Gottesmann auf dem neuen und für seinen Lebensweg letzten Ort alles erlebte. Von Anfang an ist es ein Kampf wider den Bösen, den Benedikt führt, und je mehr er kämpft, umso mehr wird er zum Mann des Gebets, wird er zum Mann Gottes, zum Gesegneten, der dort auf Gottes Hilfe baut, wo sich andere auf eigene Kräfte verlassen, der segnet, wo andere fluchen. Als erstes riss der Abt von Montecassino die alten Kultstätten nieder, errichtete zwei Oratorien und weihte das eine Johannes dem Täufer, das andere Martin von Tours.

160

Er wusste aber auch, dass es damit nicht getan war, und begann, den Menschen der Umgegend Christus zu predigen. Was in Subiaco bereits begonnen worden war, setzte Benedikt in Montecassino fort und gab seinen Söhnen und Töchtern durch die Jahrhunderte das Beispiel der Missionierung in jener fruchtbaren Verbindung von Wort und Tat.

Benedikt: Hirt, Lehrer, liebender Vater

Insgesamt zeichnet der hl. Gregor in dem Teil seiner Benediktsvita über die Jahre in Montecassino das Bild eines Abtes, wie der Autor der Regel selbst ihn sich vorstellt. Er ist der treusorgende Hirt der ihm anvertrauten Herde, der weise Lehrer, der »alles Gute und Heilige mehr durch Taten, als durch Worte« zeigt. Er ist der gütige Vater, welcher »Barmherzigkeit vor Recht« übt und allen seinen Söhnen »gleiche Liebe« entgegenbringt.

Die liebende Sorge des Hirten, Lehrers und Vaters ließ Benedikt die Regel, jene die Jahrhunderte überdauernde und bis heute nicht veraltete Lebensordnung, schreiben. Die reiche Erfahrung eines Mannes mit allzeit offenen Augen und hörendem Herzen vereinigt sich darum zu einem ganzheitlichen Entwurf. In seiner Jugend in Nursia und Rom, in den Jahren des Suchens in Enfide, in Vicovaro, in den Jahren äbtlichen Dienstes in Subiaco und zuletzt in Montecassino hatte Benedikt manche Lebensformen erleben und erproben können. Aus der Fülle dessen, was er kennen gelernt hatte, hob er am Abend seines Lebens die Schätze, die ihm wertvoll genug erschienen, weiterzugeben zu werden. Er verband sie mit dem, was er selbst im täglichen Miteinander und im steten Nachsinnen über das Wort der Heiligen Schrift gelernt hatte, zu der Regel, die Gregor der Große als »einzigartig in weiser Mäßigung, lichtvoll in ihrer Darstellung« charakterisiert. Obwohl zunächst konkret für Montecassino geschrieben, ist der Regel doch eine Allgemeingültigkeit eigen, die ein beredtes Zeugnis von der Herzensweite ihres Verfassers gibt.

Die Erzabtei Montecassino, wie wir sie heute vor uns sehen und durch das Tor zum Kreuzgang der Gäste betreten, ist ein getreuer Nachbau der Klosteranlage, die im 16. und 17. Jahrhundert nach

Krypta von Montecassino mit dem Reliquienschrein des hl. Benedict und der hl. Scholastika

»*Succisa virescit.* – Der abgeschnittene Baumstumpf grünt neu«, lautet ein weiteres Motto dieses Klosters. 577 wurde es von den Langobarden zerstört, 883 von den Sarazenen und 1349 durch ein Erdbeben. Immer wieder haben die Mönche von neuem begonnen. Montecassino ist auch ein Zeichen christlichen Glaubens und Hoffens. In Gott verankertes Leben hat Zukunft.

Montecassino – Wiege Europas am Ursprung der Kulturen

ECKPUNKTE AUS DER GESCHICHTE

ca. 600 v. Chr. Griechischer Apollotempel auf dem Berg

ca. 309 v. Chr. Akropolis (Burg) der römischen Stadt Casinum

529 Gründung eines Klosters durch Benedikt von Nursia

577 Vernichtung durch Langobarden

883 Zerstörung durch Sarazenen

950 Wiederherstellung des Klosters

1020 Neubau einer romanischen Klosterkirche durch Abt Atenulf

1060 Neubau einer römischen Basilika durch Abt Desiderius (später Papst Alexander II.)

1349 Zerstörung durch ein Erdbeben

1520–1670 Neubau des Klosters in den Formen der Renaissance und des frühen Barock

1944 Zerstörung durch Bombenangriffe der Alliierten

1946–59 Wiederaufbau nach den Originalplänen vor 1944

BESONDERS SEHENSWERT

Basilika und Krypta mit Reliquienschreinen der hll. Benedikt und Scholastika

Innenhöfe und Kreuzgänge

BEATUS OTTO
EPISCOPUS FRISINGENSIS
IN GERMANIA
1138 - 1158

ANTEA ABBAS HOC IN SUO
MONASTERIO

IN QUO DOMINO SPIRITUM
REDDIDIT
DIE 22 SEPTEMBRIS 1158

DIE 7 SEPTEMBRIS 1273
ECCLESIA ABBATIALIS
CONSECRATA FUIT

AMICI MORIMUNDI ABBA-
TIAE
ARCHIDIOCESIS MONACEN-
SIS ET FRISINGENSIS
DIOCESIS LINGONENSIS

DIE 3 SEPTEMBRIS 1995

MORIMOND
Der Welt entrückt

Kann man einen Ort beschreiben, mehr noch, seinem Geist nach-spüren, von dem nur noch Fragmente erhalten sind? Ist es möglich, darin Leben wieder zu entdecken? Wenn Sie sich, lieber Pilger, wie ich auf den Weg ins Grenzgebiet zwischen der Champagne und Lothringen begeben, um Morimond zu suchen, brauchen Sie eine detaillierte Landkarte, oder ein sehr gutes Navigationsgerät. Denn Morimond, einst eines der vier Gründungsklöster oder »Primarab-teien« der Zisterzienser – die weiteren Primarabteien sind La Ferté, Pontigny und Clairvaux –, ist aus vielen Karten einfach verschwun-den, und auch der touristische Wegweiser an der nachrangigen Landstrasse D 429 bei Fresnoy en Bassigny zur noch nachrangige-ren D 139 will genau beachtet werden. Immerhin weist ein grünes touristisches Straßenschild darauf hin, dass wir uns hier im Forêt de Morimond befinden. Dann, nach drei Kilometern, eine kleine Ab-zweigung nach rechts. Wir sehen eine kleine Kapelle, der hl. Ursula geweiht, davor eine Stele – wir sind da. Wir sind in Morimond, oder an den bescheidenen Relikten von Morimond, dem Ort, von dem aus im 12. und 13. Jahrhundert 219 Klöster überall in Europa ge-gründet worden sind. Ein Ort europäischer Geschichte also!

Morimond – ein Name, der so wunderbar klingt, wie er nur in der französischen Sprache klingen kann, und der so bedeutungs-voll ist: *mori mundo* – der Welt abgestorben. Er steht für das, was seine Gründer suchten: Abgeschiedenheit, Einsamkeit. Ich würde es auch so übersetzen: der Welt entrückt. Ein Ort der Gottsuche. Die Mönche haben den Namen und seine Bedeutung auch in das Wappen ihrer Abtei übernommen: Das Wort *mors* (Tod) und das Kreuz bilden ein Symbol.

Morimond heute: Wir fahren durch ein kleines Tal, vorbei an einer landwirtschaftlichen Domäne. Dort, wo einst der Klosterkomplex ei-ner blühenden Abtei stand, sehen wir nur noch ein paar Fragmente der Nordwand der Kirche, der Bibliothek, einer Remise ähnlich.

Wir können nur noch ahnen, wie dieses geistliche Gemeinwesen, das Vorbild wurde für so viele weitere Tochterklöster, einst aussah.

Gründung und Geschichte

Morimond wurde im Jahr 1115 von Stephan Harding gegründet, dem großen Abt von Cîteaux in Burgund und Lehrer des hl. Bernhard von Clairvaux. Nach dem Gründungskloster Cîteaux (von lat. *cistercium*) nannten sich die Mönche des Reformordens der Benediktiner auch Cistercienser/Zisterzienser. Sie lebten nach der Regel des hl. Benedikt, die sie durch eigene Regeln, die *carta caritatis* und die *consuetudines* (Gebräuche), ergänzten. Von den schwarzen Benediktinern unterschieden sie sich äußerlich durch ihren weißen Habit mit schwarzem Skapulier, aber auch dadurch, dass sie stets in abgeschiedenen Tälern und an Wasserläufen siedelten, während die Benediktiner seit Benedikts Klostergründung auf dem Montecassino bevorzugt auf Bergen und Anhöhen gründeten.

Stephan Harding stammte aus der englischen Grafschaft Dorset, und seine Herkunft gibt uns bereits erste Hinweise auf die starke europäische Verwurzelung des Ordens. Denn der Konvent war von Anbeginn an auch stark von Deutschen bestimmt: Gründerabt war ein Arnold, ihm folgten Adam von Ebrach, Konrad von Bayern und Otto von Freising. Viele von ihnen wie Konrad, Sohn des bayerischen Herzogs Heinrich dem Schwarzen und Otto von Freising, ein Babenberger, stammten aus dem europäischen Hochadel. Von Otto von Freising, Onkel Kaiser Friedrich II. Barbarossa, einem der bedeutendsten Geschichtsschreiber des Hochmittelalters, ist überliefert, dass er in seiner Zeit als Bischof von Freising jährlich 800 Landkilometer nach Morimond ritt, um am Generalkapitel seines Ordens teil zu nehmen. Er starb dort 46-jährig und wurde in der Klosterkirche begraben. Bis zum 17. Jahrhundert stand das Grab Ottos von Freising über dem Boden erhaben und frei sichtbar vor dem dortigen Hochaltar.

Heute befindet sich sein Reliquenschrein unter dem Hochaltar in der Stiftskirche von Heiligenkreuz im Wienerwald. (siehe Kapitel Heiligenkreuz). Die näheren Umstände der Überführung dorthin sind noch nicht erforscht.

Morimond, Ruine der Bibliothek

Nur wenige Jahre nach der Gründung des Klosters zogen die Brüder von dort wie von seinen Tochtergründungen aus, um in rascher Folge weitere Filiationen zu gründen. Die früheste deutsche Zisterze war Camp am Niederrhein (1123), gefolgt von Ebrach (1127), Walkenried (1129), Rein in Österreich (1130), Neuburg im Elsass (1131), Volkenroda (1131), Altenberg (1133), Heilsbronn und Langheim (1133), Waldsassen (1133), Kaisheim (1134), Heiligenkreuz bei Wien (1135, siehe S. 79-87) und Salem (1138). Die rege Bautätigkeit in den einzelnen Klöstern konnte kaum mit dem Andrang der jungen Mönche mithalten. Wo immer sie bauten, folgten sie in frühen Zeiten weitgehend einem Idealplan: klare, hochstrebende romanische, später gotische Architektur, innen weitgehend schmucklos, mit Verzicht auf Farbe, turmlos – nur ein Dachreiter war erlaubt – großer Kreuzgang, diverse Abteigebäude und Klostergarten.

Die Mönche lebten im strengen Rhythmus von Gebet und Arbeit autark: Alles, was zum Leben und zur Arbeit benötigt wurde, stellte man selbst her. Sie rodeten und kultivierten Land, vor allem auch Sumpfland, betrieben Ackerbau und legten überall große Fischteiche an. Hier in Morimond sind sie das letzte sichtbare Relikt ihrer Arbeit: sogar die Schleusen der Zuflüsse zu den Teichen sind noch aus ihrer Zeit erhalten

Hier kann man sich gut niederlassen: An einem der Teiche gibt es ein kleines Restaurant, das einzige weit und breit, mit frischen Forellen und Zandern.

Im Klöster- und Bildersturm der Französischen Revolution 1789 ist auch Morimond sinnlos zerstört worden und untergegangen. Die Kunstschätze des Klosters, vor allem die Bibliothek, eine der größten Frankreichs, wurden zerstreut und verscherbelt. Nur wenig ist in den (meist verschlossenen) Dorfkirchen der Umgebung erhalten geblieben, wie die Notre-Dame de Morimond und die mystische Kreuzesverehrung des hl. Bernhard. Die große Orgel der Klosterkirche dient heute in der Kathedrale Saint-Mammes in der nahen Kleinstadt Langres der Liturgie.

Dennoch ist die Erinnerung an Morimond wach geblieben, nicht zuletzt in seinen von hier ausgehenden 219 Klostergründungen vom Baltikum bis nach Spanien. Drei erhaltene Beispiele der von hier ausgehenden spirituellen Kraft besuchen wir in diesem Buch: Altenberg, Heiligenkreuz und Raitenhaslach. Vielleicht werden auch die Pläne eines Tages Wirklichkeit, hier einen Ort der europäischen Glaubensbegegnung zu schaffen?

Nein, Morimond ist kein morbider Ort: Es ist die reine Natur. Bei meinen Wanderungen um Morimond empfand ich Glücksgefühle wie selten zuvor. War es die reine Natur des Ortes oder das Gefühl, hier der Geschichte unseres Glaubens, unserer Kultur besonders nahe zu sein? Legen Sie sich auf einer Wiese ins ungemähte Gras, schauen Sie den dahinziehenden Wolken zu, genießen Sie die Stille. Sie werden verspüren, was Glück sein kann ...

Heute wieder unberührtes Sumpfland –
früher ein Stauwehr des Klosterbachs

Morimond – der Welt entrückt

1115 Gegründet vom normannischen Mönch Stephan Harding, einem Lehrer Bernhards von Clairvaux, als eines der vier Primarklöster der Zisterzienser. Es wurde zum Mutterkloster von mehr als 200 Abteien überall in Europa

Um 1160 Vollendung der Abteikirche, geweiht der Gottesmutter Maria (Notre-Dame)

1572 Verwüstung im französischen Glaubenskrieg (Hugenottenkrieg)

1791 Auflösung des Klosters als Folge der Französischen Revolution und Vertreibung der Mönche. Die Abteikirche und die Klostergebäude werden weitgehend abgerissen

1954 Teilweise Freilegung der Fundamente der Klosterkirche

195 wird nach Vorarbeiten der deutschen Freunde der Abtei Morimond ein Teil des inneren Abteigeländes mit finanziellen Mitteln der Erdiözese München und Freising aus revolutionärem Nacherbe zurückerworben und im Einvernehmen mit dem Bistum Langres der selbständigen »Association des Amis de l'Abbaye de Morimond« übereignet. Diese Vereinigung hat seither u. a. die Ruinen und das Gelände gesäubert und gesichert, die Pfortenkapelle St. Ursula – auch mit Hilfe deutscher Freunde in Köln – wiederhergestellt, neue Ausgrabungen im Abteigelände initiiert, Fachtagungen und Konzerte veranstaltet, Kontakte zu den Freunden der Abtei insbesondere in Deutschland und Italien gepflegt usw. Es ist nunmehr vorgesehen, das Pfortengebäude wiederaufzubauen und einer sinnvollen Nutzung zuzuführen. Erste Schritte dazu könnten im Zuge der Aktivitäten zum 900. Geburtstag der Abtei Morimond (2015/2017) getan werden

SEHENSWERTE ERHALTENE KUNSTSCHÄTZE

St. Ursulakapelle am Eingang zur Klosterdomäne

Orgel, Chorgestühl und Wandtäfelungen aus der ehemaligen Abteikirche, heute zu sehen und zu hören in der Kathedrale St-Mam-
mes in der nahegelegenen Stadt Langres

Barocke Statue »Notre-Dame de Morimond« und Amplexusdar-
stellung des hl. Bernhard im Diözesanmuseum von Langres

Reliquienbüste der hl. Ursula in der nahegelegenen Pfarrkirche von
Fresnoy (Anmeldung zur Besichtigung erforderlich)

Homepage: www.freunde-morimond.de

*Das Wappen der
Abtei Morimond*

PŘIBRAM
Über die Scala sancta auf den Svatá Hora

Von vielen Orten, die uns früher über Jahrzehnte verschlossen blieben, die wir nur vom Hörensagen oder aus der Literatur kannten, können wir glücklicherweise heute berichten, und ich empfinde dies als großes Geschenk. Die Grenzen zur Tschechischen Republik waren uns lange versperrt, und wir wussten um die Not unserer Glaubensschwestern und -brüder, ohne wirksam helfen zu können. Heute können wir dies, freizügig reisen, pilgern und helfen, und erleben, welche Kulturschätze uns jetzt wieder offenstehen. Wer die Geschichte der vergangenen 70 Jahre zurückverfolgt, weiß, dass dies nicht selbstverständlich ist, und dass wir dafür dankbar sein dürfen.

Meine Pilgerreise führte über die Via Nova von Passau über Freyung über den Bayerischen Wald ins hügelige, waldreiche Mittelböhmen, in uraltes europäisches Kulturland.

Unter den Wallfahrtsorten, die wir Ihnen, liebe Leserin, lieber Leser, in diesem Buch näherbringen möchten, tragen gleich mehrere das (regionale) Attribut »Heiliger Berg«, gleichsam wie einen Vornamen:

Kloster Andechs, der Heilige Berg der Bayern, *St. Georgenberg*, der Heilige Berg der (Nord-)Tiroler, *Kloster Säben,* der Heilige Berg der (Süd-)Tiroler, *Mont Sainte-Odile,* der Heilige Berg der Elsässer, *Mont Saint-Michel,* der Heilige Berg der Bretonen ...

Die politischen Stürme überdauert

So verwundert es nicht, dass auch die Tschechen auf ihren Heiligen Berg pilgern, einen Marien-Wallfahrtsort. Er liegt hier, in Mittelböhmen, hoch über der alten Bergarbeiterstadt Příbram, 65 Kilometer südwestlich der Hauptstadt Prag. Der *Svatá Hora,* der Heilige Berg, gilt bei den Tschechen auch deshalb als nationales Heiligtum, weil

Prozession mit der Gnadenmadonna von Příbram von der Loggia der Basilika

er die politischen Stürme der Jahrhunderte, die Hussitenkriege, den Dreißigjährigen Krieg, die Säkularisation und auch die kommunistisch-atheistische Herrschaft scheinbar unbeschadet überstanden hat. So wurde 1959 gegenüber dem Klosterberg ein Theater erbaut, um ein symbolisches weltliches Gegengewicht zur Kirche zu schaffen. Es wurde von den Bürgern von Příbram nicht angenommen.

Die Tradition der Wallfahrt auf den Heiligen Berg bei Příbram geht in das 13. Jahrhundert zurück, vielleicht auf eine Einsiedelei, vielleicht auf ein Gelübde des Ritters Malovetz als Dank an die Muttergottes für eine erhörte Errettung. Manches bleibt im Dunkel der Geschichte. Sicher erscheint nur, dass Menschen bereits in alter Zeit die Erhabenheit und Schönheit des Ortes schätzten.

In seiner heutigen Gestalt erhebt sich das Marienheiligtum seit 1665, als die Jesuiten nach dem Dreißigjährigen Krieg, der Böhmen verwüstet hatte, den Neubau betrieben.

Ein von sieben Türmen gekrönter Berg

Der bewaldete *Svatá Hora,* 130 Meter über der Stadt Příbram, ist von weitem und von allen Seiten zu sehen. Er trägt wie eine Krone die siebentürmige Baugruppe von Heiligtum und Kloster, in leuchtendem Ocker-Weiß gehalten, wie die meisten sakralen Bauwerke der Barockzeit in Böhmen.

Wir wählen für den Aufstieg die *Scala sancta,* den überdachten Pilgerweg, der von der Stadt 460 Meter lang fast schnurgerade in den Kreuzgang des Klosterhofes hinaufführt. Dieses in Europa einzigartige Treppenhaus, 1727–28 vom bayerischen Baumeister Ignaz Kilian Dientzenhofer erbaut, verbindet über 365 Stufen die weniger steilen, gepflasterten Wegstücke, die zwischendurch Erholung schenken.

Wem die *Scala sancta,* die vor schlechtem Wetter schützt und im Sommer Schatten spendet, zu anstrengend ist, der kann auf der anderen Seite des Berges mit dem Auto oder Bus bis zu einem Parkplatz fahren, von dem aus nur noch fünfzig Höhenmeter bis zum großen Platz vor dem östlichen Hauptportal des Sanktuariums, dem Prager Tor, zu bewältigen sind. Dort, an der äußeren Mariensäule mit dem Bild der im Innern verehrten Gnadenstatue,

Das Sanktuarium auf dem Heiligen Berg in Příbram

stehen wir staunend vor dem heiligen Bezirk, dem 60 x 60 Meter umfassenden Geviert des Innenhofes mit der erhöht stehenden Basilika, dem Kreuzgang und den vier flankierenden achteckigen Seitentürmen.

Die Baugruppe wirkt auf den sich nähernden Betrachter zunächst streng, geschlossen, wie eine Burg mit einem doppelturmbewehrten Tor, bei dem man erst um Einlass bitten muss. Sie signalisiert uns: Du betrittst einen abgeschlossenen, heiligen Bezirk. Auf den zweiten Blick erschließt sich uns aber auch die Verspieltheit der frühen Barockperiode, in der das Sanktuarium zwischen 1658 bis 1709 in seiner äußeren Gestalt entstanden ist. Dies verwundert auch nicht, wenn man die Handschrift des Architekten, Carlo Lurago aus dem Tessiner Intelvital, kennt, der sie maßgeblich geplant und mit seinen Mitarbeitern auch ausgeführt hat. Lurago, ein Jesuit, war zur gleichen Zeit auch Baumeister des Doms in Passau und hat in Böhmen im Auftrag des Jesuitenordens zahlreiche große Kirchen und Schlösser gebaut. Im Auftrag des Kaisers betreuten die Jesuiten die Wallfahrt auf dem *Svatá Hora* von 1647 an bis zu seiner Aufhebung im Jahr 1773.

Das Leben Mariens, in mehr als 100 Bildern erzählt

Tritt man durch die Pforte des Prager Tors, eröffnet sich die ganze barocke Prachtentfaltung: Über einer Terrasse öffnet sich eine Loggia mit drei großen Kapellen, die mittlere, große, die Krönungskapelle, der Krönung Mariens geweiht, die rechte Kapelle den Eltern Mariens, Anna und Joachim, die linke dem hl. Joseph.

Bevor der Pilger jedoch die Basilika betritt und zum Gnadenbild betet, sollte er sich im Kreuzgang auf die geschichtliche Bilderreise des Heiligen Berges begeben. Dort wird ihm in neun Kapellen, wie in einem Bilderbuch, das Leben Mariens in lebendigen Fresken erzählt. In den Deckenfresken wird über die Wunder auf dem Heiligen Berg berichtet, so die Heilung des blinden Jan Prochazka aus Prag, der 1632 nach mehrtägigen Gebeten von seinem Leiden erlöst wurde und später als Einsiedler hier lebte.

Die vier achteckigen, Basteien ähnlichen Eckkapellen sind nach den Städten Prag, Pilsen, Brešzice und Mnižek benannt, deren Bürger hier jeweils als Mäzene auftraten. Sie sind mit Altären ausgestattet und dienen nach wie vor an bestimmten Tagen dem Gottesdienst. Ihre Stuckierung und Freskierung ist, entsprechend dem Zeitpunkt ihrer Einweihung, unterschiedlichen Kunstrichtungen von frühem Barock bis zum Rokoko zuzuweisen.

Mehr als 200 Kleider für die Himmelskönigin

Wir betreten schweigend die Mariä Himmelfahrt geweihte Basilika, 1905 von Papst Pius X. zur päpstlichen Basilika minor erhoben, und nähern uns in dem scheinbar fensterlosen, nur indirekt beleuchteten Raum über die nördliche Franz-Xaver-Kapelle dem Presbyterium mit dem Hochaltar. Er ist vollständig aus Silber geschmiedet – Příbram war durch seine Silberbergwerke berühmt – und birgt über dem Tabernakel in einem verglasten Silberschrein die Gnadenstatue der gekrönten Muttergottes mit dem Kind. Die im 14. Jahrhundert aus Lindenholz geschnitzte Statue, gestiftet vom Prager Erzbischof Ernst von Pardubitz, ist durch natürliche Verfärbung und Kerzenruß ähnlich dunkel wie die Altöttinger Gnadenmadonna. Im Kirchenschatz befinden sich mehr als 200 be-

Die Loggia der Basilika mit dem mittleren Krönungsaltar

stickte Paramente für die nur einen halben Meter große Madonna
und ihr Kind, darunter ein goldenes Mäntelchen von Kaiserin Maria
Theresia. Die mütterlich-volkstümlich und zugleich freundlich dem
Betrachter zugewandte Physiognomie der Muttergottes von Svatá
Hora hat ihr im gläubigen Volk von Böhmen den Beinamen »Mutter
des Lebens« geschenkt.

Kein Rummelplatz auf dem Heiligen Berg

Der *Svatá Hora* ist – heute wieder – ein Gnadenort, den man in seiner ganzen Schönheit, der Schönheit der umgebenden Natur und
der von Menschenhand geschaffenen Schönheit der Architektur,
erleben und in sich aufnehmen muss. Die Redemptoristen, die von
1861 bis 1950 hier wirkten, 1950 vertrieben wurden und Wallfahrt
und Kloster seit 1990 wieder betreuen, haben den Ort wieder über
die Grenzen des Landes hinaus bekannt gemacht. Seither kommen
auch wieder, wie seit Jahrhunderten, deutsche Pilgergruppen über
den Böhmerwald hierher, um, abseits jeden Rummels – nur ein
kleiner Kiosk versorgt die Durstigen und Hungrigen – zur Gottesmutter zu beten.

MARIE SVATOHORSKÁ

Votivbild der Madonna von Příbram

Příbram – über die Scala Sancta auf den Svatá Hora

ECKDATEN DER GESCHICHTE

Um 1260 Durch ein Gelübde des Ritters Malovetz entsteht eine Einsiedelei auf dem Berg

Um 1360 stiftet Erzbischof Ernst von Pardubitz eine aus Lindenholz geschnitzte Madonna mit Kind, als Gnadenbild

1665 lassen sich die Jesuiten auf dem Heiligen Berg nieder und beginnen mit dem Bau einer barocken Klosteranlage

Bis 1709 Bau des hochbarocken Klosterbezirks und der Basilika durch den Tessiner Baumeister Carlo Lurago

1727–28 Unter der Leitung des bayerischen Baumeisters Ignaz Kilian Dientzenhofer entsteht die überdachte, 460 Meter lange »Scala Sancta«, eine Pilgertreppe von der Stadt hinauf zum Sanktuarium

1773 Aufhebung des Klosters

1861 Neubesiedelung durch Redemptoristen, die 1950 vertrieben wurden und seit 1990 die Wallfahrt wieder betreuen

Ab 2002 schrittweise Renovierung des Klosterbezirks

BESONDERS SEHENSWERT

Gesamtes Ensemble des Klosterbezirks

Schwarze Madonna als Gnadenbild im Sanktuarium der Klosterbasilika (Führung)

Paramentensammlung (ca. 200 handgestickte Gewänder für die Madonna, Führung)

Fresken in den neun Kapellen und dem Umgang des Kreuzgangs

Scala Sancta, überdachte Treppe von der Stadt Příbram auf den Heiligen Berg

Homepage: www.svata-hora.cz

RAITENHASLACH
Das wiederentdeckte Paradies

Auf der Suche nach dem Dreiklang aus Natur, Architektur und Zurückgezogenheit haben die Zisterzienser immer wieder Orte gesucht, gefunden und in jahrhundertelanger Arbeit gestaltet, die wir heute, als Pilger des 21. Jahrhunderts, mit freudigem Staunen besuchen können. Mit Beschreibungen wie »Idyll« sollte man sparsam umgehen, aber dies hier ist eines: Von einer Salzachschleife buchstäblich umschlungen, liegt das ehemalige Zisterzienserkloster Raitenhaslach bei Burghausen auf einer grünen Aue so vor uns, als hätten es die Mönche niemals verlassen müssen. Nichts stört hier, keine Straßen, umliegende Fabrikgebäude, oder sonstige Bausünden aus jüngerer Zeit – hier herrscht die Ästhetik einer scheinbar verloren gegangenen Zeit. Hier wirkt die Stille und Erhabenheit des Ortes auf die Phantasie.

Wer auf der einzigen Zufahrtstraße zum ersten Mal hierherkommt, erblickt zunächst nur drei Türme, die sich über die Spitzen der Bäume erheben: den Zwiebelturm des ehemaligen Wasserturms, das Pultdach des Glockenturms und das fast zierliche, zwiebelhaubengekrönte Türmchen über dem Westportal der ehemaligen Klosterkirche und heutigen Pfarrkirche St. Georg. Das bescheidene Türmchen will in den Proportionen nicht so recht zum langgestreckten, mächtigen Baukörper der Kirche passen, umso mehr aber zum Charakter zisterziensischer Klosterkirchen, die ursprünglich ganz auf Türme verzichteten, umso mehr aber die Architektur und die innere Ausstattung betonten. So war es auch hier in Raitenhaslach, und deshalb ist das Türmchen auch mehr als schmückende Zutat und zeitgeistiges Zugeständnis an die barocke Blütezeit des Klosters zu verstehen.

Bevor wir in die frühere Klosterkirche durch das Portal der römisch-strengen Westfassade eintreten, lassen wir unseren Blick über den weiten Klosterplatz wandern. Was wir sehen, ist noch etwa die Hälfte dessen, was vom Klosterplan des 18. Jahrhunderts nach der Säkularisation des Jahres 1803 stehen geblieben ist. Die

Die Westfassade der ehemaligen Klosterkirche

Das ehemalige Zisterzienserkloster Raitenhaslach an der Salzach

andere Hälfte fiel der Spitzhacke zum Opfer, darunter als besonders schmerzlicher Verlust auch die prächtige, erst 25 Jahre vorher
erbaute Klosterbibliothek. Vom unersetzlichen Bestand ihrer mehr
als 25 000 Folianten fand nur ein kleiner Teil in die Bestände der
Bayerischen Staatsbibliothek.

Neues Leben im Prälatenstock

Der Wirtschaftsflügel mit den Klosterwerkstätten und der ehemaligen Brauerei, in der die vorzügliche Klostergaststätte wieder
bewirtet, wurde restauriert. Der Biergarten davor lockt an schönen
Sommertagen zahlreiche Gäste an. Die Stadt Burghausen, seit dem
Jahr 2003 Eigentümer des Klostergeländes, bemüht sich zusam-

Das Presbyterium der ehemaligen Klosterkirche, heute Pfarrkirche St. Georg

men mit dem Landesamt für Denkmalpflege, das Ensemble wieder zu neuem Leben zu erwecken. Die Technische Hochschule München zieht hier demnächst mit einem Tagungszentrum ein. Noch viele Jahre wird es brauchen, bis der ehemalige Prälatenstock, ein in seiner architektonischen Reinheit und Ausstattung selten gut erhaltener, weil nie renovierter zweigeschossiger Bau des späten Barock, wieder genutzt werden kann. Die Fertigstellung ist für November 2015 geplant.

Wenn wir die ehemalige Klosterkirche Maria Himmelfahrt, die heutige Pfarrkirche St. Georg betreten, kommen wir gleich, wie stets in Zisterzienserkirchen, ins Paradies, in eine Eingangshalle, die früher »Purgatorium« hieß, Raum der Reinigung. Am einige Stufen tiefer gelegten Fußboden bemerken wir auch, dass wir in eine ursprünglich romanische Kirche eintreten. Im Paradies fällt unser Blick zunächst auf den bühnenartigen Kulissenaufbau des Heiligen Grabes.

Das große *theatrum sacrum* empfängt, ja überwältigt uns dann im Langhaus. Die Augen werden magisch angezogen vom Bühnenaltar, der sich zwischen zwei mächtigen weiß-blauen Säulen öffnet. Ein drapierter, blau-silberner Stuckvorhang gibt den Blick auf das heilige Geschehen frei, das sich in den wechselnden Szenen des fast zehn Meter hohen Altarbildes zeigt. Aus den Säulen des Hochaltars, deren beiden äußeren gewunden sind, treten die fast drei Meter großen Ordensgründer sowie Ordensheiligen und Patrone der Vorgängerkirche hervor, links der hl. Georg und der hl. Benedikt, rechts der hl. Bernhard und der hl. Pankraz.

Sakrale Kunst von höchster Qualität

Die fünf Seitenaltarpaare wirken im kulissenartig sich aufbauenden Raumbild keinesfalls als Statisten, sondern als choreographische Steigerungselemente. Sie sind – vorne beginnend – dem hl. Asanius und der hl. Concordia, der Gottesmutter – mit einer Nachbildung des Altöttinger Gnadenbildes – und dem hl. Joseph, dem heiligen Ordensgründer Benedikt und dem Ordensheiligen Bernhard, den hll. Sebastian und Bartholomäus sowie dem Heiligen Kreuz und den 14 Nothelfern gewidmet. Die von Künstlern wie Johann Zick und Johann Michael Rottmayr geschaffenen Altarbilder sind von höchster Qualität.

Wenden wir jetzt den Blick nach oben, in die höhere Sphäre, dann geht über uns der »Raitenhaslacher Himmel« auf. Der Freskenzyklus ist dem Leben und Wirken eines einzigen Heiligen gewidmet und als der große Bernhard-Zyklus in die Kunstgeschichte eingegangen. In 20 Szenen erzählt der Allgäuer Freskokünstler Johannes Zick die Lebensgeschichte des Ordensheiligen des Zisterzienserordens, Bernhard von Clairvaux, mit der dramatisch bewegten Bildersprache des Hochbarock. Allein das Hauptfresko, das sich mit einer Fläche von mehr als 500 Quadratmeter über drei Gewölbejoche erstreckt, kann den Betrachter zu stundenlangem Staunen anregen, solange die Nackenmuskulatur mitmacht. Eine Szene zeigt, wie ein Knabe Bernhard einen neuen Klosterplan vor-

Wallfahrtskirche Mariaberg

legt, und sie steht damit symbolisch für die Gründung von 160 Zisterzienserklöstern noch zu Lebzeiten des Heiligen. Raitenhaslach ist übrigens das älteste Kloster des Reformordens im ehemaligen Altbayern.

Die bevorzugte Grablege des bayerischen Adels

Wie sehr das Kloster, dessen Äbte seit 1395 »infuliert« waren und damit das Recht hatten, bei Pontifikalgottesdiensten Stab und Mitra zu tragen, mit seinem Umland verwurzelt war – heute würde man vernetzt sagen – zeigt eine weitere Besonderheit: Auf und unter den Kapitellen der Wandpfeiler finden sich nicht weniger als 136 verschiedene Wappen von Adelsgeschlechtern aus dem bayerisch-österreichischen Stammesgebiet, die sich Raitenhaslach als Grablege auserwählt hatten. In der Mitte der Kirche ist im Boden noch die Deckplatte des ehemaligen Wittelsbacher Hochgrabes eingelassen, der Grabstätte der Herzogin Hedwig, bekannt von der Landshuter Fürstenhochzeit.

Fresko über der Orgelempore mit musizierenden Engeln

Raitenhaslach, das barocke Gesamtkunstwerk, das wiederge-
wonnene, friedliche Paradies am Fluss, wäre unvollständig ohne
den Marienberg. Um dort hinzugelangen, biegt man auf der Rück-
fahrt nach Burghausen durch das Salzachtal kurz links ab. Dort
oben, mit weitem Blick auf Tal und Stadt hinüber zur Burg, ließ der
baufreudige Prälat Emmanuel II. von 1760 bis 1764 die Wallfahrtskirche St. Maria errichten. Der Zentralbau über einem griechischen
Kreuz ist mit seiner einheitlichen Rokokoausstattung ein Juwel der
späten Epoche überschwänglich frommen Kunstschaffens. Und er
zeigt doch bereits Anklänge an die heraufdämmernde neue Zeit
des Klassizismus. Ein Brückenbau mithin. Vierzig Jahre nach seiner
Weihe waren Kloster und Wallfahrtskirche säkularisiert, aufgelöst.
Das Stück vom Paradies, das uns hinterlassen wurde, hat auch
diese Zeiten überlebt, uns zur Freude.

Raitenhaslach – das wiederentdeckte Paradies

ECKPUNKTE AUS DER GESCHICHTE

1146 folgen Zisterziensermönche aus Salem am Bodensee dem Ruf des Salzburger Erzbischofs und lassen sich in der Salzachschleife südlich von Burghausen nieder

1186 wird die erste Klosterkirche, eine dreischiffige romanische Basilika ohne Querschiff, dem hl. Pankraz geweiht

1275 Neuweihe nach Klosterbrand

1694–98 Umbau in eine barocke Wandpfeilerkirche unter Beibehaltung der romanischen Außenmauern

1737–43 Prunkvolle Innenausstattung der Klosterkirche

1750–85 Neubau des Abteistocks und seiner Wirtschaftsgebäude

1764 wird auch die Rokoko-Wallfahrtskirche auf dem Marienberg, zwei Kilometer nördlich, geweiht

1803 nach der Säkularisierung wird der Baubestand stark dezimiert, die Bibliothek wird aufgelöst und verschwindet zu großen Teilen.

Seit 2003 behutsame Restaurierung des erhaltenen Baubestandes

SEHENSWÜRDIGE KUNSTSCHÄTZE

Klosterkirche mit hochbarocker Dekoration und Freskenzyklus von Johannes Zick mit Szenen aus dem Leben des hl. Bernhard. Monumentaler Kulissen-Hochaltar

Zum Teil originalgetreu restaurierter Abteiflügel mit Festsaal und Papstzimmer

Wallfahrtskirche Marienberg als kreuzförmige Zentralanlage und mit Doppelturmfassade zum Tal hin. Üppige Rokokoausstattung mit Fresken aus dem Marienleben von Martin Heigl. Hochaltar mit Gnadenbild der Muttergottes

Homepage: de.wikipedia.org/wiki/kloster_raitenhaslach

DIE REICHENAU
Der *hortulus benedictus*

Wenn ich mich in meiner näheren Heimat umsehe und an Gärten denke, an Blumen, Früchte, an Kultur und an reiche Geschichte, dann kommt mir spontan die Reichenau in den Sinn.

Die Ursehnsucht nach Fruchtbarkeit, Geborgenheit und Schönheit, in gewisser Weise nach dem Paradies auf Erden, hat die Menschen seit jeher zu Orten hingezogen, die alle drei Seligmacher versprachen, und trotzdem – oder gerade deshalb – nicht ohne Mühen erreichbar waren.

So ein Ort ist die Reichenau, seit 2000 Weltkulturerbe der UNESCO, ein Ort, den ich immer wieder gerne und mit großer Ehrfurcht besuche. Die Insel im Untersee des Bodensees ist uraltes Kulturland und noch heute ein klimatisch begünstigter blühender Garten. Kein Wunder, dass sie auch schon mit den frühesten Zeugnissen deutschsprachiger Dichtung besungen wurde, so von Abt Ermenrich von Ellwangen, Schüler der Reichenau, im 9. Jahrhundert.

> »Reichenau, blühendes Eiland, wie bist du vor anderen gesegnet!
> Reich an Schätzen des Wissens und heiligem Sinn der Bewohner.
> Reich an des Obstbaumes Frucht und schwellender Traube des Weinbergs.
> Immerdar blüht es auf dir und spiegelt im See sich die Lilie. Weit erschallet dein Ruhm bis ins neblige Land der Britannen!«

Eine Wiege des Abendlandes

Es waren Benediktinermönche, die im 8. Jahrhundert diesen Garten Gottes kultiviert und, wie uns Ermenrich berichtet, von Anbeginn an auch mit geistigem Wissen befruchtet haben. Sein Vorgänger

Der hl. Pirmin begrüßt die Gäste
der Reichenau

Walahfrid Strabo, Abt auf der Reichenau 838−849 und bedeutendster frühmittelalterlicher Dichter, schreibt in seinem Gartengedicht (*Hortulus, Vers 4 und 10−18*):

> *»Was für ein Land du besitzest und wo es sich finde –*
> *nirgends weigert es sich, die ihm eigenen Gewächse zu zeugen.*
> *Wenn deine Pflege nur nicht ermattet in lähmender Trägheit,*
> *nicht sich gewöhnt zu verachten den vielfachen Reichtum des Gärtners, törichterweise,*
> *und sich nicht scheut, die schwieligen Hände bräunen zu lassen*
> *in Wetter und Wind und nimmermehr versäumet,*
> *Mist zu verteilen aus vollen Körben im trockenen Erdreich.*
> *Dies entdeckte mir nicht landläufiger Rede Erkenntnis*
> *und nicht allein Lektüre, die schöpft aus den Büchern der Alten:*
> *Arbeit und eifrige Neigung vielmehr, die ich vorzog der Muse,*
> *Tag für Tag, haben mich dies gelehrt durch eigne Erfahrung.«*

Lang erstreckt sich die 4,3 Quadratkilometer große Insel Reichenau im Bodensee – von weitem erkennbar an der langen Allee, die Insel und Festland seit 1838 verbindet und deren Pappeln für den Besucher Spalier zu stehen scheinen. Rechts und links des Damms weite, unter Naturschutz stehende Schilflandschaften, und kaum, dass man den Damm überquert hat, kann man ihn schon riechen, den einzigartigen Kräuterduft dieser an vielem so reichen Insel der Gärtner, Fischer und Winzer. Gewächshäuser, Weinreben und Salatfelder wechseln sich hier ab mit kostbaren alten Kirchen.

Zwei Drittel der Inselfläche sind Gemüseland, davon 30 Hektar unter Glas. Sieben Hektar sind Rebland. Seit Jahrhunderten ernten die Gärtner hier bis zu dreimal im Jahr im Freiland und vollenden das Werk der mit der Säkularisation 1803 vertriebenen Mönche, welche die Insel rodeten und zu einer blühenden Heimstatt machten.

Ermenrich und Walahfrid, jeder auf seine Art, beschreiben ein wunderbares Stück Erde, einen Garten Gottes, in dem allerdings auch nichts umsonst, ohne Arbeit und Mühe, wächst und gedeiht. Die Reichenau, damals von den hier wohnhaften Alamannen *Sintleozesau* genannt, war zu jener Zeit noch eine richtige Insel, nur durch eine Brücke mit dem Festland verbunden. Die Mönche nannten sie im 8. Jahrhundert noch schlicht *Augia*, oder *Ow, Au*. Daraus entstand im 11. Jahrhundert *Richen Ow*, später Reichenau. In der »Vision Wettini« schwärmt Abt Walahfried poetisch von seiner Au:

> *»Wo von den Alpen herab sich ergießend der herrliche Rheinstrom*
> *westwärts winde seinen Lauf – wird er zum stattlichen Meere.*
> *Mitten darin erhebt sich eine gewaltige Insel, Augia wird sie ge-*
> *nannt – ringsum ist Deutschland gelagert! Aus ihr gingen hervor viel*
> *Scharen trefflicher Mönche.«*

Aus geschichtlich überlieferten Dokumenten wissen wir, dass Karl Martell, der Großvater Karls des Großen, am 25. April des Jahres 724 an den Alamannenherzog Lantfried und den Grafen Bertoald schrieb:

> *»Wisse Eure Größe und Dienstwilligkeit, dass der ehrwürdige Bischof*
> *Pirminius mit seinen wandernden Mönchen im Namen des Herrn aus*
> *Gallien nach Alamannien gekommen ist, den wir freudigen Herzens*
> *in unsere Muntschaft genommen haben und dem wir zum Wohnen*
> *die Sintleozesau genannte Insel geschenkt haben, – damit er dort ein*
> *Kloster zu Ehren der Gottesmutter und der Apostel Petrus und Paulus*
> *baue und die Benedikterregel lehre.«*

Über Jahrhunderte ein Zentrum christlich-abendländischer Kultur

Die Absicht des Frankenfürsten war eine doppelte, und es sollte eine Entscheidung von europäischer Tragweite werden: Er wollte erstens die noch heidnischen Göttern und Bräuchen anhängigen Alamannen für den christlichen Glauben gewinnen und zweitens damit die geistlichen Grundlagen dafür schaffen, dass Franken und Alamannen zusammenfinden. Der Weitblick Karl Martells fiel auf fruchtbaren Boden: Bereits wenige Jahrzehnte nach der Kloster- gründung wurde die Reichenau zu einem Zentrum der christlich- abendländischen Kultur. In einem Brief des Abtes Walahfrid Strabo an Papst Gregor IV. hebt dieser selbstbewusst die Bedeutung der jungen Abtei hervor:

Die romanische Basilika St. Georg zu Oberzell, erbaut unter Abt Hatto III., berühmt durch ihre Wandmalereien

»Dieser Ort unseres Wirkens nimmt den ersten Rang in diesem Teil der Erde ein. Eine nicht geringe Zahl von Ordensleuten ist darin vereinigt. Die Fülle ihrer geistigen Weisheit nährt die Lande ringsum mit reichlicher Lehre.«

Der hl. Pirmin, ein rastloser Wanderer Gottes, verließ die Reichenau übrigens bereits 727, nach drei Jahren Gründungsarbeit, für immer. Er zog mit einigen Getreuen weiter, gründete die Klöster Murbach im Elsass, Schuttern, Gengenbach und Schwarzach im Schwarzwald und starb im Jahr 753 in seiner letzten Gründung Hornbach in

Ottonische Wandmalereien an den Säulenkapitellen in St. Georg, Oberzell

der Pfalz. Verehrt wird er in seiner letzten Ruhestätte in der Jesuitenkirche in Innsbruck. Seine Herkunft ist ungewiss: Manche Historiker sehen in ihm einen iroschottischen Wandermönch, andere, wie P. Gallus Jecker OSB, vermuten, dass Galizien in Spanien seine Heimat war.

Zu den großen Männern, die in der Nachfolge des hl. Pirmin aus der Reichenau hervorgegangen sind und die zu den geistigen Vätern des Abendlandes zu zählen sind, gehören:

Abt Waldo (786–806), zugleich Abt in der Langobardenhauptstadt Pavia und Regent des jungen Langobardenkönigs Pipin, des Sohnes Karls des Großen. Er begründete den Ruhm der Schule und Bibliothek der Reichenau und starb als Abt von St-Denis bei Paris.

Abt Heito (806–823), ein Freund Karls des Großen, Bischof von Basel und Gesandter Karls nach Konstantinopel (811). Er erbaute St. Maria in Mittelzell, die erste Kreuzbasilika auf der Insel (816) und führte mit seinen tüchtigen Lehrern Wetti, Tatto, Erlebald und Strabo die Schule zu höchster Blüte. Sein Bibliothekar und späterer **Abt Reginbert** baute die Bibliothek zu einer der bedeutendsten seiner Zeit aus.

Abt Walahfrid Strabo, hier bereits erwähnt, war Gelehrter, Dichter und Erzieher am kaiserlichen Hof in Aachen, Vater seiner

St. Maria und Markus in Mittelzell, die ehemalige Klosterkirche

Mönche. Er ertrank, 40jährig und vielbeklagt, auf einer Friedens-
mission in der Loire.

Abt Hatto III. (888–913), war zugleich Erzbischof von Mainz,
Kanzler des Reiches und Regent für Ludwig das Kind. Er hat das
ebenso schlichte wie großartige Münster St. Georg zu Oberzell gebaut.

Abt Wittigo (985–997) gilt als der kunstsinnigste Mann auf
dem Reichenauer Abtstuhl. Während seiner Amtszeit war die Reichenauer Buchmalerei die einflussreichste und größte europäische
Malschule.

Abt Berno (1008–1048) und sein Weggefährte **Hermanus Con-
tractus** (Hermann der Lahme, † 1054) beschließen die Blütezeit der
Abtei. Zwar körperlich behindert, aber hochbegabt, war Herma-
nus als Theologe, Astronom, Mathematiker, Geschichtsschreiber,
Dichter und Musiker, für seine Zeitgenossen »das Mirakel unseres
Jahrhunderts«. Ihm werden die beiden marianischen Antiphonen
»Alma redemptoris mater« und »Salve Regina« zugeschrieben.

Vom 12. Jahrhundert an verlangte der Adel, dass die Abtei Reichenau nicht nur ihre Söhne erziehen, sondern auch für seinen

männlichen Nachwuchs reserviert sind. Eine unkluge Forderung mit Folgen, denn dadurch starb die Reichenau langsam an personeller Blutarmut aus: Der letzte Abt, Markus von Knöringen, trat 1540 seine Abtwürde an den Konstanzer Bischof ab. Die Abtei wurde Priorat und schließlich 1757 von Papst Benedikt XIV. ganz aufgehoben. Als bischöfliches Gut wurde die Reichenau 1803 säkularisiert.

Was aus der Blütezeit des 10. und 11. Jahrhunderts Gott sei Dank erhalten blieb, sind die drei Kirchen der Insel, jede für sich ein großartiges Beispiel der Kirchenbaukunst dieser Epoche.

Das Marienmünster in Mittelzell, in der Mitte der Klosterinsel, wurde von 1008 bis 1048 von Abt Berno erbaut. In ihrem Chor sind noch Fundamente der ältesten, von Bischof Pirmin 724 gegründeten und von Abt Arnefrid 736 – 748 erweiterten ersten Klosterkirche erhalten. In ihrer heutigen Gestalt zeigt das Münster deutlich zwei Stilepochen, das romanische Langhaus mit der Westquerhalle, und den gotischen Chor, der als letzte große Leistung des Klosters unter Abt Friedrich von Wartenberg im 15. Jahrhundert vollendet wurde. Das Ostquerhaus, der älteste Bauteil des Münsters, stammt mit den Bögen seiner Seitenarme noch aus der Kreuzbasilika Heitos I., die am 16. August 816 eingeweiht wurde. Aus dieser Basilika stammt auch die »Heitosäule« im Südarm des Westquerhauses. Der offene Dachstuhl des Langhauses aus der ersten Hälfte des 13. Jahrhunderts ist in der Form eines umgekehrten Schiffsrumpfes gestaltet, ein einmaliges Beispiel mittelalterlicher Zimmermannskunst.

Die edle Ausstattung des Marienmünsters zeigt Kunstwerke aus allen Jahrhunderten. Hervorzuheben sind die gotische Pieta im nördlichen Seitenschiff und der Heiligblutaltar in barocker Regencearbeit. Im gotischen Kastenaltar liegt der Erbauer, Abt Berno, begraben. So atmet das Münster den Geist von mehr als 1200 Jahren christlicher Geschichte, würdevoll und mit der Gelassenheit einer reichen Tradition.

Die Schatzkammer des Münsters in einem schlichten gotischen Raum aus dem 15. Jahrhundert, beherbergt neben zahlreichen Beispielen aus dem Kunstleben des ehemaligen Klosters ein Evangeliar aus dem 10. Jahrhundert und kostbare, hausförmige Schreine für die Reliquien der hll. Januarius und Markus, Felix, Genesius und Regula.

Die Basilika St. Georg in Oberzell, die den Inselgast als erste der drei Reichenauer Kirchen von Osten her empfängt, reicht in ihrer frühen Baugeschichte ebenfalls in das 9. Jahrhundert zurück. Bauherr der heutigen Kirche, die wuchtig-trutzig wie eine Wehrkirche in Weingärten über dem Seeufer steht, war Abt Hatto III. Sie ist eine Basilika ohne Querschiffvorsprünge, mit eingeschnürter Vierung, über der ein massiver Turm steht.

Das Wunder von St. Georg entdecken wir erst, wenn wir die Vorhalle durchschritten haben: die polychromen Wandmalereien im Langhaus bis über die Obergadenfenster und an den Seitenwänden des Chorbogens. Sie zeigen wie in keiner anderen frühromanischen Kirche die ottonische Bilderwelt mit Szenen aus dem Evangelium: je vier an der Nord- und Südwand, wobei Christus immer von links ins Bild tritt; so sind die Gemälde auch zu lesen. An der Nordwand zeigen sie von West nach Ost die Teufelsaustreibung bei Gerasa, die Heilung des Wassersüchtigen, den Seesturm und die Heilung des Blindgeborenen. An der Südwand sehen wir von Ost nach West die Heilung des Aussätzigen, die Erweckung des Jünglings von Naim, die Erweckung der Tochter des Jairus und die Heilung der blutflüssigen Frau. Die Gestalten begegnen uns in einer wesenhaften Eindringlichkeit, Christus, durch eine gemalte Architektur von den Aposteln getrennt, zeigt sich uns durch die Gebärde seiner ausgestreckten Hand ganz in seiner Menschenfreundlichkeit.

Auf weiteren Schmuck kann die Kirche mit ihrer feierlichen Architektur fast verzichten, hervorzuheben sind aber das schöne, gotische Triumphkreuz und eine barocke, fröhliche Muttergottes als Fürsprecherin. Die Krypta in St. Georg unterhalb von Chor und Vierung ist ein schlichter, weihevoller Raum mit dem Reliquiengrab für das Haupt des hl. Georg.

Die Basilika St. Peter und Paul in Niederzell ist, zwischen 1075 und 1134 errichtet, die jüngste in der Perlenkette der drei Reichenauer Kirchen. Ihr Gründer und Stifter ist Bischof Egino von Verona, ein Reichenauer Mönch und Verwandter der Kaiserin Hildegard. Sein Sarkophag steht im Chor. Die dreischiffige Säulenbasilika mit drei Apsiden ist die einzige, die doppeltürmig grüßt. Auch in St. Peter und Paul haben sich, erst 1900 wiederentdeckt, wunderbare Wandmalereien erhalten, hier vor allem im Chor. Sie sind das letzte uns

Münster St. Peter und Paul in Niederzell

überlieferte Werk der Reichenauer Malschule und zeigen überlebensgroß den Pantokrator, die Rechte segnend erhoben. Die Linke hält das aufgeschlagene Buch des Lebens. Adler, Löwe, Stier und Engel, die Symbole der vier Evangelisten, umgeben ihn. Rechts und links stehen Petrus und Paulus, die Kirchenpatrone. St. Peter und Paul ist als einzige der drei Reichenauer Kirchen im Langhaus barockisiert, stuckiert und freskiert worden. Der zarte Überwurf macht die Kirche zusammen mit den vergrößerten Fenstern heller, fröhlicher, ohne ihre Würde anzutasten.

Im Mikrokosmos der Insel Reichenau, in ihrer reichen, in den drei würdevollen Gotteshäusern noch sichtbaren Geschichte, in der üppigen Vegetation seiner Landschaft und der Heiterkeit ihrer Bewohner dürfen wir uns wie in einem kleinen Paradiesgarten fühlen, geborgen, wie es uns der 23. Psalm verspricht:

»Der Herr ist mein Hirte;
nicht wird mir fehlen.
Er weidet mich auf grüner Aue
und führet mich zum frischen Wasser.
Er erquicket meine Seele« ...

Am Beginn dieses Jahrhunderts haben sich zwei Benediktinermönche auf der Reichenau niedergelassen und eine monastische Cella gegründet. Sie knüpfen am benediktinischen Erbe dieser Insel an und kümmern sich um die Pastoral und die Führung von Besuchern.

Die Reichenau – der *hortulus benedictus*

ECKPUNKTE AUS DER GESCHICHTE

724 gründet der hl. Pirmin, ein iroschottischer, vielleicht auch galizischer Wanderprediger, mit einigen Gefährten eine erste Zelle im heutigen Mittelzell. Vermittelt hatte der Frankenfürst Karl Martell, Großvater Karls des Großen, mit dem Ziel, die dortigen Alamannen zu christianisieren. Die Mönche nehmen die Regel des hl. Benedikt an

Um 800–820 entstehen die beiden ersten vorromanischen Kirchen, das Marienmünster in Mittelzell und das St. Georgsmünster in Oberzell

1075–1134 wird das Niedermünster in Niederzell als romanische Säulenbasilika erbaut und den Aposteln St. Peter und St. Paul geweiht

1220–1440 erhält das Marienmünster in Mittelzell einen gotischen Chor sowie einige gotische Annexe

1540 tritt Markus von Knöringen seine Abtswürde an den Bischof von Konstanz ab. Das Reichenauer Kloster wird zum Priorat

1757 wird das Reichenauer Kloster von Papst Benedikt XIV. aufgehoben

1803 wird das bischöfliche Gut Reichenau säkularisiert

2000 wird die Reichenau Weltkulturerbe der UNESCO

2001 Neubesiedelung (Cella Benediktina)

BESONDERS SEHENSWERT

Spätkarolingische Wandmalereien in St. Georg Oberzell im Langhaus und im Chor; Wandmalerei aus dem späten 11. Jahrhundert in der Apsis von St. Peter und Paul in Niederzell

Krypta in St. Georg mit dem Reliquiengrab für den hl. Georg

Marienmünster in Mittelzell mit der Schatzkammer (zahlreiche Evangeliare und Reliquiare)

Niedermünster mit hochbarocker Freskierung und Stuckierung im Langhaus

Sehr lohnend sind Spaziergänge auf der Insel, sowohl im Inneren, als auch entlang der Uferwege

Homepage: www.reichenau.de

KLOSTER SÄBEN
Der Heilige Berg in Südtirol

In diesem Buch erzähle ich von sechs Heiligen Bergen: Andechs in Bayern, St. Georgenberg in Tirol, Mont Saint-Michel in der Normandie, Mont Sainte-Odile im Elsass, Příbram in Böhmen und hier nun vom Kloster Säben, dem Heiligen Berg in Südtirol. Allen Orten gemeinsam ist als geschichtlicher Hintergrund und als Beweggrund für die tiefe Verehrung in der jeweiligen regionalen Bevölkerung die benediktinische Tradition der Klostergründung *ad montem*, auf dem Berg. Dies gilt allerdings nur zum Teil für das Kloster Säben über Klausen im Eisacktal, dem Heiligen Berg der Südtiroler.

Wenn ich auf dem Weg nach Norden, auf der Autostrada Verona – Brennero zwanzig Kilometer nach Bozen bei Chiusa/Klausen durchs enge Eisacktal fahre, eröffnet sich plötzlich ein grandioser Anblick: Hoch über dem Tal steht auf steilem Bergkegel eine wehrhafte, vieltürmige Burganlage, deren Lichter in klaren Nächten heruntergrüßen: Kloster Säben.

Der erste Eindruck täuscht nicht: Säben war ursprünglich tatsächlich eine Wehrburg, wenngleich heute mit mehr als 1600-jähriger christlicher Tradition. Noch heute führt keine öffentliche Fahrstraße auf den steilen, früher kaum einzunehmenden Porphyrfelsen; Pilger und Klosterbewohner müssen die gut 200 Höhenmeter auf steinigen Wegen entlang der alten Wehrmauern (Kreuzweg) oder über den Säbener Aufgang (Panoramaweg) *per pedes* bewältigen. Der 30 – 45 minütige Aufstieg lohnt sich!

Als Benediktinerinnenabtei gehört Säben erst seit 1974 zur Beuroner Kongregation. Als Kloster besteht es aber seit 300 Jahren und bewahrt in seinen Felsfundamenten und schroff ansteigenden Mauern die Erinnerung an einen frühchristlichen Bischofssitz – Sabiona, Sebona –, der sich hier, auf dem steil über dem Eisack aufragenden Bergplateau, im 5.–6. Jahrhundert aus einer spätrömischen Burgsiedlung entwickelt hat. Sie bewachte an einer strategisch wichtigen Stelle im Eisacktal den hier durchgehen-

Kloster Säben von Westen

den Verkehr zwischen Germanien und der Lombardei. Das älteste christliche Zeugnis ist ein in den Felsen gehauenes Taufbecken aus dem 4. Jahrhundert.

Drei der vier Säbener Kirchen stammen in ihren Grundmauern noch aus der Zeit der frühen Bischöfe und Glaubensboten. Kurz vor der Jahrtausendwende wurde die bischöfliche Residenz ins Tal verlegt, nach Brixen an die für die mittelalterliche Reichspolitik so wichtige Brennerstraße. Säben blieb fürstbischöfliche Wehrburg, bis 1533 ein Blitzschlag die Bergfestung einäscherte.

Die Wallfahrt zur Marienkapelle auf den Säbener Berg ist uralt und geht sicher auf das frühe Mittelalter zurück, wenngleich das älteste Dokument erst 1503 den Ladiner Kreuzweg zur heutigen Gnadenkapelle erwähnt. Dieser Kreuzweg ist noch heute erhalten und begehbar.

Erst eineinhalb Jahrhunderte später erbarmte sich ein Klausener Stadtpfarrer der Trümmerstätte auf dem alten Heiligen Berg, Kanonikus Dr. Matthias Jenner. Er stellte zunächst die verwahrlosten Kirchen wieder her, die immer noch Pilgerscharen aus den benachbarten Alpentälern anzogen. Sein Eifer drängte ihn weiter:

Kloster Säben von Südosten. In der Mitte die Liebfrauenkirche

»Zu der Ehr' Gottes und des Nächsten Heil« baute er in den Ruinen der einstigen Bischofsburg ein Kloster und erbat sich Benediktinerinnen *vom* »uralt berühmten hochadeligen Stift Nonnberg« in Salzburg. Die Nonnberger Äbtissin Johanna Franziska von Rehling (1657–1693) unterstützte aufopferungsvoll Jenners Gründungspläne und sandte im Februar 1685 drei Chorfrauen und zwei Laienschwestern ins südliche Tirol. Nach schwierigen Anfängen – Jenners Mittel schienen nicht auszureichen, und das Leben auf dem Berg war hart – fand die Gründung kirchliche Anerkennung. Durch Dekret des Brixener Fürstbischofs Johann Franz Graf Khuen wurde das neue »Kloster zum Heiligen Kreuz von Säben« 1686 feierlich eröffnet.

Aufgehoben und als Nähschule überlebt

Die Gemeinschaft wuchs rasch, 1699 wurde das Kloster Abtei und die Gründungspriorin M. Agnes von Zeiller erste Äbtissin († 1715). Ihre vier Nachfolgerinnen im ersten Jahrhundert der Klostergeschichte hatten wohl immer mit wirtschaftlicher Not zu kämpfen, doch spricht aus der alten Chronik ein hochgemutes geistliches Streben. Schwere Prüfungen kamen über die Kommunität durch die napoleonischen Kriegswirren bis zum Tiroler Volksaufstand (1796–1809): mehrmalige Besatzung, Plünderung, schließlich Aufhebung des Klosters durch die bayerische Regierung. Die Schwestern ließen sich aber nicht vertreiben und nahmen bald ihr gemeinschaftliches Beten und Arbeiten wieder auf. Sie waren nun freilich so verarmt, dass sie sich für die nächsten Jahrzehnte wegen der hohen Taxen keine Äbtissin mehr »leisten« konnten. Ab 1860 verpflichteten sie sich, gestützt durch eine Stiftung aus dem österreichischen Kaiserhaus, zur Ewigen Anbetung (bis 1909) und unterhielten eine Nähschule für Landmädchen.

Neue Begeisterung für die monastische Lebensform nach der Regel St. Benedikts erwachte, als die 1878 gewählte Oberin M. Ida Urthaler Verbindung zur Beuroner Exilskommunität in Volders/Nordtirol fand. 1880 besuchte Prior Benedikt Sauter, der »erste Novize« der Brüder Wolter und spätere Abt von Emaus/Prag, die Säbener Mitschwestern. Sie erbaten Unterweisung im Chorgebet und Choralgesang, »da wir erfuhren, dass diese hochwürdigen Patres einen so überaus schönen Chor halten«. Ein lebhafter Austausch mit den Beuroner Neugründungen Seckau und Emaus begann, Besuche von Mitbrüdern und Äbten brachten Anregung und Ermutigung. Man bemühte sich um die Wiedererrichtung der Abtei: 1882 wurde mit M. Ida Urthaler zum ersten Mal seit 70 Jahren wieder eine Äbtissin auf Lebenszeit gewählt und geweiht. Die Klosterkirche, von Matthias Jenner 200 Jahre zuvor im Palas der alten Burg erbaut, wurde im Beuroner Stil renoviert. Seit 1903 erhielt Säben »nach hundertjähriger Unterbrechung« weitere Formung durch benediktinische Spirituale aus der Beuroner Kongregation.

Seit 1910 lebte die Kommunität nach den Satzungen der Beuroner Frauenklöster. Dann unterbrach der Erste Weltkrieg die aufstrebende Entwicklung der Südtiroler Abtei, die nach 1918, nunmehr im Staat Italien, wieder notvolle Jahrzehnte durchzustehen hatte. Die Verbindung zu den österreichischen und deutschen Abteien riss jedoch nicht mehr ab, und der Hilfsbereitschaft der Mitbrüder und Mitschwestern nördlich der Brennergrenze war es schließlich zu verdanken, dass auf dem 18. Beuroner Generalkapi-

Liebfrauenkapelle im Klostergarten

tel 1974 der Anschluss Säbens an die Kongregation auch juristisch zustande kam, nachdem er geistig seit fast einem Jahrhundert vorbereitet war.

Der Säbener Klosterberg trägt vier Kirchen, deren älteste, die Heilig-Kreuz-Kirche im Klosterbezirk auf der höchsten Stelle auf den Fundamenten der Bischofsbasilika aus dem 6. Jahrhundert ruht. Chor und Ausstattung der heutigen Abteikirche kamen in der Zeit nach 1679 hinzu, als die Salzburger Benediktinerinnen eingezogen waren.

Das gesamte Innere der Kirche ist mit auf grobem Stoff gemalten Bildern bespannt, im Chor die Kreuzigung, an der Langhausdecke die Geheimnisse des schmerzhaften Rosenkranzes und die Himmelfahrt Christi, an den Wänden zwischen gemalten Säulenhallen die Grablegung und Frauen am Grab. Es sind virtuose Arbeiten eines italienischen Theatermalers.

Die Marienkapelle ist ein ursprünglich romanischer Bau, dessen Apsis später ein gotisches Rippengewölbe erhielt. Auch die würdevolle Altarplastik der Maria mit dem Kind stammt aus spätgotischer Zeit.

Die Liebfrauenkirche im unteren Klostergarten, ein achteckiger Zentralbau mit Kuppel und Laterne aus früher Barockzeit, trägt in der Kuppel acht Fresken-Medaillons mit Szenen aus dem Marienleben. Daneben die Gnadenkapelle mit dem verehrten Maria-Vesperbild. Aus derselben Zeit und vom gleichen Baumeister stammt auch die Klosterkirche im Stil des lombardischen Barock. Etwas jüngeren Datums, um 1730, entstand die Kassianskapelle.

Im Kloster Säben lebt heute ein Konvent von 12 Schwestern nach der Regel des hl. Benedikt. Sie sind weitgehend autark durch die Arbeit und den Ertrag aus den Klostergärten, dem Obst- und Weinbau sowie der Bewirtung von Gästen. Sie bewahren aber auch ein spirituelles Erbe, das bis in die Frühgeschichte des Christentums in diesem gesegneten Land zurückreicht. In Gebet und Arbeit lebt hier der Geist abendländischer klösterlicher Kultur weiter. Dafür dürfen wir dankbar sein.

Kloster Säben – der Heilige Berg in Südtirol

ECKPUNKTE AUS DER GESCHICHTE

Um 600 aus einer römischen Burgsiedlung entsteht ein frühchristlicher Bischofssitz, Sabiona oder Sebona, über Klausen im Eisacktal

Ca. 950 wird der Bischofssitz ins Tal aufwärts nach Brixen verlegt. Säben bleibt fürstbischöfliche Wehrburg

1533 wird die Bergfestung durch Blitzschlag eingeäschert

1685 sendet die Nonnberger Äbtissin Johanna Franziska von Rehling fünf Benediktinerinnen aus Salzburg auf die noch weitgehend zerstörte Bergsiedlung

1686 wird das neue Kloster »Zum Heiligen Berg von Säben« durch den Brixener Fürstbischof Johann Franz Graf Khuen geweiht. Die Gründungspriorin M. Agnes von Zeiller wird erste Äbtissin

1796–1809 Im Tiroler Volksaufstand wird das Kloster mehrfach besetzt, geplündert und schließlich von der bayerischen Regierung aufgehoben. Die Nonnen lassen sich jedoch nicht vertreiben

Ab 1860 verpflichtet sich das verarmte Kloster, gestützt durch eine Stiftung des österreichischen Kaiserhauses, zur »Ewigen Anbetung« und richtet eine Nähschule für Landmädchen ein

Seit 1910 leben die Säbener Nonnen nach der Satzung der Beuroner Frauenklöster

BESONDERS SEHENSWERT

Klosterkirche Heilig Kreuz auf den Fundamenten der frühchristlichen Bischofsbasilika mit frühbarocken Illusionsmalereien

Marienkapelle, ursprünglich romanisch mit gotischem Rippennetzgewölbe in der Apsis und Altarstatue Maria mit dem Kind aus dem 13. Jahrhundert

Liebfrauenkirche, achteckiger Zentralbau aus dem frühen Barock um 1680 mit Fresken-Medaillons aus dem Marienleben

Daneben Gnadenkapelle mit dem verehrten Maria-Vesperbild

Kassianskapelle, um 1730 im Stil des lombardischen Barock erbaut

Homepage: de.wikipedia.org/wiki/kloster_saeben-freunde.de

SAINT-MAURICE D'AGAUNE
Auf den Spuren der europäischen Urchristen

Wildromantisch ist es hier. An eine steile Felswand drücken sich Kloster und Schloss. Davor ein kleines Städtchen, begrenzt vom rauschenden Gebirgsfluss, über den sich der Bogen einer alten Steinbrücke spannt. Der Blick fällt über das enge Tal hinaus auf Weinberge. Ein Ort wie gemalt, der auch immer wieder berühmte Künstler angezogen hat.

Hier im Tal der jungen Rhône im Wallis liegt Saint-Maurice und das gleichnamige Kloster. Es ist nicht irgendein Kloster, es ist ein Ort europäischer Geschichte, ein Ur-Ort des europäischen Christentums und damit unserer abendländischen Kultur. Saint-Maurice (bitte nicht verwechseln mit Sankt Moritz im Oberengadin) ist ein Ort wahrhaft mystischer Anziehungskraft.

Schon die Kelten errichteten sich hier Grabstätten. Seit dem 4. Jahrhundert folgten aufeinander die verschiedenen Kirchen zu Ehren des hl. Mauritius und seiner Gefährten. Die als Thebäer bezeichneten Legionäre – sie kamen aus Nordafrika, wahrscheinlich aus Ägypten – erlitten hier für ihren christlichen Glauben den Tod. Auch der Name Mauritius (der Maure) weist auf die afrikanische Herkunft hin. Das Gedächtnis an dieses geschichtliche Ereignis machte aus dem Grab und dem 515 erbauten Kloster einen wichtigen Mittelpunkt abendländischer Märtyrerverehrung. Merowinger, Karolinger, Burgunder, Savoyer und selbst Kaiser des Heiligen Römischen Reiches Deutscher Nation suchten hier christliche und sogar politische Kräfte. In der Zeit der Ottonen und Staufer war Mauritius auch Reichsheiliger. Durch die Gunst der Fürsten und Bischöfe und die Verehrung des wallfahrenden Volkes wuchs die Grablege des hl. Mauritius zu einem spirituellen Ort, dessen Anziehungskraft weit über das Wallis hinausging. Saint-Maurice wurde zu einer Keimzelle frühen christlichen Lebens in der Region, die heute ein Kanton der Schweiz ist.

*Michel de Montaigne,
1590 und sein Motto:
»Was weiß ich?«*

die *Essais* seiner einzigen Enkeltochter, Christine, widmete (fünf seiner sechs Töchter waren im ersten Lebensjahr verstorben) und sie seiner »geistigen Adoptivtochter«, Marie de Gournay le Jars, als privates Erbe überließ, war ihm offenbar wohl bewusst, dass sie Eingang finden würden in die Welt der Literatur, wie auch immer.

Literarisch betrachtet sind die *Essais* geprägt von einer stoischen Geringschätzung von Äußerlichkeiten, einer kritischen Haltung gegenüber dem Wissenschaftsaberglauben und der menschlichen Überheblichkeit gegenüber anderen Geschöpfen der Natur sowie einer großen Skepsis gegenüber jeglichen Dogmen. Der Freidenker Montaigne setzt sich in den *Essais* mit einer Vielzahl von Themen quer durch die Menschheitsgeschichte auseinander: mit der klassischen Literatur und Philosophie, mit dem menschlichen Zusammenleben und der Erziehung. Er sei »eine Seele mit verschiedenen Etagen«, sagte er einmal über sich selbst. Dabei liegt dem Juristen besonders der Wert der konkreten Erfahrung und des unabhängigen Urteilens als Ziele der Bildung junger Menschen am Herzen. Vor allem aber ist Montaigne ein glänzender Erzähler, der seine

Château Saint-Michel-de-Montaigne

Leser dadurch zu fesseln vermag, dass er auch scheinbar sachlich-trocken Themen so in einen geschichtlichen wie persönlichen Zusammenhang stellt, dass jeder sich auf seine Weise angesprochen fühlen kann. Dabei bleibt seine Sprache stets unterhaltend bis amüsant, bei allem fundierten Wissen, das er zugleich zum Besten gibt, niemals belehrend. Die Texte würzt er immer wieder mit eingestreuten, meist humorvollen Gedichten. Und: Nichts Menschliches ist ihm fremd.

Seine Vita ist lückenlos überliefert: 1533 als Sohn von Pierre Eyquem aus einer reichen Handelsfamilie in Bordeaux und Besitzer des Schlosses Montaigne geboren (den Familiennamen Eyquem legt er später ab) genießt er eine höhere Schulbildung in einem humanistischen Internat und studiert von 1546 bis 1554 Jura in Bordeaux und Toulouse. Er wird 1554 jüngster Rat am Gericht von Périgueux und am Parlament von Bordeaux und übt dieses Amt bis 1570 aus. Nach dem Tod seines Vaters wird er 1568 Herr zu Montaigne und veröffentlicht 1569 die von ihm auf Wunsch des Vaters aus dem Latein übersetzte *Theologia naturalis*. 1571 zieht er sich zwar aus dem öffentlichen Leben zurück, in seinen Turm, nimmt des Autors zum Detail. Sie sind, ebenso wie der Handsatz, gut lesbar in klarer Diktion. Sie sprechen von einem hochgebildeten und doch geerdeten Menschen, der Sprache, Wissen und Zeit miteinander in Einklang bringt.

Zur Vervollständigung meines Besuches in Saint-Michel-de-Montaigne drängt es mich, eine Geschichte zu erzählen, einfach, weil sie hier geschrieben werden muss: Es ist die Geschichte von Antoine, dem ich am Abend vorher in einer Auberge im nahegelegenen St-Emilion begegnete. Antoine hatte seinen mindestens 30 Jahre alten, beigen Peugeot 504 neben mir geparkt und mich als deutschen Touristen erkannt. Beim Abendessen fragte er, ob er sich zu mir an den Tisch setzen könnte und stellte sich vor: »Antoine, oder, wenn Sie lieber wollen, Anton«. Anton sprach also deutsch, mit Akzent, und schlug vor: »Lass uns eine Flasche Wein zusammen trinken. Allein ist es mir zuviel«. Wir reden, wie selbstverständlich über den gemeinsamen Anlass unseres Aufenthalts, Michel de Montaigne.

Anton ist ein fast einsneunzig großer, schlaksig-hagerer Mann mit schlohweißem, vollem Haar. Tiefe Furchen in seinem Gesicht sprechen von einem entbehrungsreichen Leben, das kleine Menjoubärtchen und die wachen Augen aber auch von einem neugierigen Genießer, dem Antoine in ihm. Seine korrekte, gepflegte Kleidung, das gestärkte Hemd, hält den knochigen Körper wie eine Rüstung zusammen.

Dann beginnt Anton, mir seine Lebensgeschichte zu erzählen. Er ist, beantwortet er meine nicht gestellte Frage, Jahrgang 1919, damals 90 Jahre alt, und mit seinem ein Drittel so alten Peugeot aus Cambrai in der Picardie angereist, 900 Kilometer in zwei Tagesetappen. Antons Leben begann aber gut 1000 Kilometer weiter östlich, in einem Dorf in der Nähe von Bydgoszcz in Polen. Als 20-jähriger war er, wie er sagte, im »großen Vaterländischen Krieg« in deutsche Kriegsgefangenschaft geraten und zur Zwangsarbeit bei einem Weinbauern am badischen Kaiserstuhl gekommen. »Ein Glück dort«, erzählte er, denn nach zwei Jahren, 1941, gelang ihm die Flucht in die nahe Schweiz, indem er bei Basel über den Rhein schwamm. Über »gewisse Umwege und Umstände«, die er nicht näher erläuterte, schloss er sich 1942 bei Limoges der französischen Resistance an.

Das Grab von Michel de Montaigne vor der Schloss-kapelle

Nach Ende des Krieges blieb er in Frankreich, weil sein Dorf in Polen vernichtet worden war, seine Familie ausgelöscht, fand Arbeit in einer Fabrik in Cambrai und heiratete dort. Die Ehe blieb kinderlos, seine Frau war vor 21 Jahren gestorben. Sie war seine erste und einzige Liebe, sagt er, mit feuchten Augen. Seit dieser Zeit, erzählte er, fährt er nach jedes Jahr hierher, in den Périgord, um in und um Saint-Michel-de-Montaigne zu wandern. Nach der Lektüre der *Essais* war er quasi zu einem Montaigne-Jünger geworden, denn »alle Philosophie kann man bei ihm nachlesen, hier steht das ganze Leben drin«. Die *Essais*, sagt er, sind das einzige Buch außer der Bibel, das er immer und immer wieder liest.

»Kennst du das Essai ›Philosophieren heißt sterben lernen‹, fragt er mich zu später Stunde und zitiert daraus. »Philosophieren ist nichts anderes, als sich auf den Tod vorbereiten. Der Grund hierfür ist, dass die Suche nach Erkenntnis und Kontemplation unsere Seele gleichsam von uns wegzieht und sie außerhalb des Körpers beschäftigt, was eine Art Einübung auf den Tod darstellt – oder auch, dass alle Weisheit und alles Sinnen der Welt letztlich darauf hinauslaufen, uns die Überwindung der Furcht vor dem Sterben zu lehren.«

Nach dreistündiger, angeregter Unterhaltung beschließen wir – es ist fast Mitternacht –, gemeinsam zu frühstücken und nach Saint-Michel-de-Montaigne zu fahren.

Am Morgen bleibt der Platz am Frühstückstisch leer. Nach einer Stunde, zur verabredeten Abfahrtszeit, frage ich die Patronin, ob sie Antoine gesehen habe, ob man ihn vielleicht wecken könne. Sie antwortet verlegen, es gehe ihm offenbar nicht gut, »son cœur«, und ihre besorgte Mimik sagt nichts Gutes. »Er ist im Hospital in Libourne«. Ob man ihn dort besuchen könne? Sie weiß es nicht, vielleicht später, am Abend. Ich fahre allein nach Saint-Michel-de-Montaigne.

Um vier Uhr nachmittags, gleich nach meiner Rückkehr, erkundige ich mich wieder nach Antoine. Die Patronin wischt sich Tränen aus den Augen: »Il est décéde, ce matin.« Wir schweigen gemeinsam, ich murmele ein Gebet. Sie erzählt mir, Antoine war Stammgast bei ihr, seit 21 Jahren, drei Wochen, immer im Mai. Er war ein nobler Mann, sagt sie. Schon vor zehn Jahren habe er ein Grab auf dem Friedhof von St-Emilion für sich reserviert. Es war sein Wunsch, hier zu sterben und begraben werden.

Bei der Rückreise muss ich an Antons letzte, mir nachträglich prophetisch erscheinende zitierte Worte am Vorabend denken: »*... dass alle Weisheit und alles Sinnen der Welt letztlich darauf hinauslaufen, uns die Überwindung der Furcht vor dem Sterben zu lehren*«. Sie trösten mich über den Verlust des am Vorabend gewonnenen Freundes, eines großartigen, tiefsinnigen Menschen, hinweg. Ich bin sicher, er wollte, dass ich seine Geschichte erzähle und ich verspreche ihm, unsere Konversation an seinem Grab fortzusetzen, sobald ich mich wieder auf die Reise nach Saint-Michel-de-Montaigne mache. Adieu, Antoine, Anton, in Memoriam.

Jetzt verstehen Sie sicher, warum ich diese, Antons Geschichte, hier erzählen musste.

Saint-Michel-de-Montaigne – der Geist der Aufklärung

ECKDATEN AUS DER GESCHICHTE DES SCHRIFTSTELLERS
UND SEINES HEIMATORTES

1533 geboren als Michel Eyquem de Montaigne auf dem Château Saint-Michel-de-Montaigne im Périgord. Den Familiennamen Eyquem legt er später ab

1546–54 Besuch des humanistisches Internat in Bordeaux und Studium der Rechte in Toulouse

1556 Rat am Gericht von Périgueux und am Parlament von Bordeaux

1568 nach dem Tod des Vaters Herr zu Montaigne

1569 Veröffentlichung der Übersetzung der *Theologia naturalis* ins Französische

1571 Rückzug aus dem öffentlichen Leben, aber noch Ernennung zum Berater von König Karl IV

1572 in der »Bartholomäusnacht«, der Verfolgung der Hugenotten, Beginn der Arbeit an den *Essais*

1580 Veröffentlichung der beiden ersten Bücher seiner *Essais*, die er Heinrich III. in Paris vorlegt

1589–92 bis zu seinem Tod Arbeit an einer neuen Gesamtausgabe. Dieses *Exemplaire de Bordeaux* wird zur Grundlage sämtlicher späterer Ausgaben und Übersetzungen

SEHENSWÜRDIGKEITEN

Château de Montaigne mit dem mittelalterlichen Schlossturm, in dessen Obergeschoss Michel de Montaigne bis zu seinem Tod gelebt und gearbeitet hat

Schlosskapelle mit der Grabplatte von Michel de Montaigne

Wanderwege um den kleinen Ort und das Schloss mit weitem Blick über das Périgord bis nach Bordeaux

Homepage: de.wikipedia.org/wiki/saint-michel-de-montaigne

SARREBOURG
Das blaue Wunder des Friedens

Auf dem Weg von Paris nach Straßburg hielt ich vor einigen Jahren zu einem Zwischenaufenthalt an, den ich nicht vergesse und immer wieder wiederholen würde. Dafür hatte ich nur einen Grund:

Niemand kommt zufällig hierher, in die lothringische Provinz am Oberlauf der Saar. Sarrebourg, das frühere Saarburg (nicht zu verwechseln mit der Stadt Saarburg bei Trier) ist eine kleine Stadt von 12 000 Einwohnern an der Route Nationale 4 zwischen Straßburg und Nancy, einst eine Römerstraße. Heute würde man die alte Stadt, das Pons Saravi der Römer, an der hier vierspurig ausgebauten Strecke einfach umfahren ...

... wäre hier nicht ein blaues Wunder geschehen. Es hat Sarrebourg verwandelt in einen Wallfahrtsort für Kunstkenner aus aller Welt.

Das Wunder begann 1970 mit einer eher zerstörerischen Absicht: Die seit 1266 bestehende Franziskanerkirche am Place des Cordeliers in der Stadtmitte sollte wegen Kriegsschäden und Baufälligkeit abgerissen werden. Nur der 1269 angebaute gotische Chor wäre noch zu retten gewesen. Aber ihn einfach, als nach Westen klaffende Öffnung so stehen lassen?

Da hatte Pierre Messmer, der damalige Bürgermeister der Stadt und später, in Personalunion französischer Premierminister (1972–74), eine Idee: Die Front sollte durch ein Glasfenster geschlossen werden. Und ein Bürger der Stadt, der hier nicht genannt werden will, hatte dazu eine weitere Idee: Marc Chagall (1887–1985) mit dem Entwurf zu beauftragen. Der aus dem weißrussischen Witebsk stammende jüdische Künstler hatte sich mit großen Glasfenstern in einer Synagoge in Jerusalem, in den Kathedralen von Metz und Reims sowie im Züricher Fraumünster bereits einen Namen als Schöpfer sakraler Werke gemacht. Um das Projekt zu finanzieren, gründete Messmer 1974 die »Association des Amis des Cordeliers«, zu deren maßgeblichen Förderern eine ortsansässige jüdische Industriellenfamilie zählte.

»La Paix«, das Glasfenster von Marc Chagall
in der Chapelle des Cordeliers in Sarrebourg 227

Marc Chagall, einer der berühmtesten Künstler des 20. Jahrhunderts, ließ sich für das Projekt in Sarrebourg begeistern. Er hatte freie konzeptionelle Motivwahl. Nachdem er bereits 1964 für den Palast der Vereinten Nationen in New York ein kleineres Fenster mit dem Titel *La Paix*, der Friede, geschaffen hatte, wollte er diesmal die vorhandenen Möglichkeiten für einen großen Entwurf für sein Lieblingsmotiv ausschöpfen. Der tief religiöse Künstler, der christliche Kirchen ebenso ausstattete wie Synagogen, wollte seine Botschaft an die Welt in monumentaler Form darstellen.

Der Glasmalermeister Charles Marq aus Reims, der die Chagall-Bilder in der dortigen Kathedrale bereits in Glas gegossen hatte, setzte den Entwurf von 1974 bis 1976 um. Nur er kannte die Zusammensetzung des besonderen Lapislazuli-Blautons, den Chagall bevorzugte, und der bereits in seinen bisherigen Glasfenstern die Grundstimmung erzeugte. Die Voraussetzungen dafür waren in Sarrebourg besonders günstig, weil die Nachmittags- und Abendsonne den gesamten Raum mit Licht zu erfüllen vermag.

Fast die gesamte Fläche des 12 Meter hohen und 7,5 Meter breiten Fensters wird durch ein farbenprächtiges Blumenbukett vor dem Hintergrund der verschiedenen Blautöne ausgefüllt. Der Strauss wächst wie ein Baum gleichsam aus einer Landschaft, die wir hier stellvertretend für die Welt als Lothringen und Sarrebourg erkennen dürfen.

Im Mittelpunkt steht ein eng umschlungenes Paar, Adam und Eva symbolisierend, die Eltern des menschlichen Geschlechts, umrankt von paradiesischen, mystischen alttestamentarischen und christlich-religiösen Szenen. Dieses Idyll von Harmonie und Frieden wird aber auch bedroht: die Schlange neben Adam und Eva als Sinnbild des Bösen und der Ritter als das kriegerisch-zerstörende Wesen. Und wir entdecken das Heil: in der Kreuzigungsszene links oben erscheint uns Christus als Triumphator, wie er die Welt umarmen möchte. In diesem Spannungsverhältnis aus paradiesisch-friedlicher Welt und ihren immerwährenden Gefahren dominiert letztlich der göttliche Friede: *La Paix*. Es ist ein anmutiges Bild der wahren Liebe, die aus dem Baum des Lebens wächst und uns die Botschaft überbringt: Ohne Liebe gibt es keinen Frieden, und ohne Frieden keine Liebe …

Mit dieser persönlichen Friedensbotschaft des Künstlers, der

»La Paix«, Detail: Adam und Eva

uns hier ein Fenster in die Welt öffnet, wie wir sie alle ersehnen, verbindet sich somit auch der Appell an die Bewahrung dieses fragilen Friedens, gerade hier in einer Region, die in einem Jahrhundert dreimal umkämpft war.

Dieses monumentale Glasgemälde, das sich je nach Lichteinfall heiter bis mystisch zeigt, ist für mich ein Kunstwerk, an dem ich

Detail aus »La Paix«,
der gekreuzigte Jesus

mich nicht satt sehen kann. Einmal saß ich an einem Frühsommer-
nachmittag allein vor dieser Schöpfung, beobachtete, wie das Licht
mir immer mehr Details erleuchtete, erschloss. Ich war so versun-
ken, dass ich die Custodin nicht hörte und sah, bis sie mir dann ein
Zeichen gab, dass die Kapelle um 18.00 Uhr – leider – geschlossen
wird. Es kam mir vor, wie die Vertreibung aus dem Paradies. Aber
ich komme wieder, in diesem Jahr das fünfte Mal ...

Für Sarrebourg und für die ganze Region in Lothringen war die
Idee und die Initiative von Pierre Messmer ein großer Segen. Wie
gesagt: Niemand kommt zufällig hierher. Das Friedensfenster von
Marc Chagall zieht sie alle an.

P.S.: Wenn Sie schon in Sarrebourg sind und noch ein, zwei
Stunden Zeit haben, fahren Sie im Saartal zehn Kilometer talab-
wärts nach Norden Richtung Sarreguemines/Sarrebruck, halten
die Zeit an in Fenetrange/Finstingen, besuchen die gotische Dorf-
kirche und staunen!

Sarrebourg – das blaue Wunder des Friedens

ECKPUNKTE AUS DER GESCHICHTE

1970 soll die gotische Franziskanerkirche, 1266 geweiht, wegen Baufälligkeit abgerissen werden

1972 schlägt der damalige Bürgermeister, Pierre Messmer, vor, zumindest den Chor aus Gründen des Denkmalschutzes zu retten. Er entwickelt die Idee, die offene Westfront durch ein großes Glasfenster zu schließen. Erster Kontakt zum Künstler Marc Chagall, der vorher bereits Kirchenfenster in Jerusalem, Metz, Reims und Zürich geschaffen hatte – und danach die in St. Stephan in Mainz schaffen sollte

1974 gründet sich zur Finanzierung die »Association des Amis des Cordeliers« unter maßgeblicher Beteiligung eines örtlichen Industriellen

1974–77 Marc Chagalls Entwurf *La Paix* für die 12 x 7,5 Meter große Fensterfläche wird von ihm persönlich und vom Glasmalermeister Charles Marq aus Reims umgesetzt. Nur Marq kannte die besondere Zusammensetzung des Lapislazuli-Blautons, den der Künstler als Grundstimmung bevorzugte

BESONDERS SEHENSWERT

La Paix, der göttliche Friede von Marc Chagall (1887–1985), das größte Buntglasfenster, das der Künstler geschaffen hat.

Homepage: www.sarrebourg.fr

KLOSTER ST. OTTILIEN
Das geistliche Dorf mit weltweiter Strahlkraft

St. Ottilien ist meine Heimat. Hier habe ich das Gymnasium besucht, bin in das Kloster eingetreten, habe vor über 50 Jahren meine Gelübde abgelegt, und hier habe ich 23 Jahre als Erzabt wirken dürfen. Wenn meine Dienstzeit in Rom beendet ist, werde ich, gemäß der *stabilitas loci*, der lebenszeitigen Verbundenheit mit meinem Heimatkloster, wieder hierher zurückkehren und andere Aufgaben übernehmen. Hier fühle ich mich auch zu Hause, in dem Klosterdorf, das mir zur wahren Heimat geworden ist.

Lassen Sie sich von mir durch mein heimatliches Klosterdorf führen: Von den sanften Endmoränenhügeln nordwestlich des Ammersees kann ich meinen Blick richten auf das blaue Band der Bayerischen Alpen mit der Zugspitze. Dort, in gebührendem Abstand zu den umliegenden Gemeinden Geltendorf, Eresing und Windach, liegt unser geistliches Dorf, das Kloster St. Ottilien, die Erzabtei der Missionsbenediktiner.

Zugänglich nur über zwei schmale Straßen und Fußwege, aber mit eigenem Bahnhof, weist dem Wanderer der 75 Meter hohe, massive Vierungsturm der Klosterkirche den Weg. Er steht jedoch nicht auf der höchsten Stelle des Klosterdorfes: Die ist der kleinen Kapelle der hl. Ottilie vorbehalten, der Namensstifterin des 1886 auf dem Grund der ehemaligen Hofmark Emming gegründeten Klosters.

Obwohl seit 1365 eine Wallfahrt zur hl. Ottilie in Emming bestand, ist St. Ottilien ein junges Kloster. Gegründet wurde es von P. Andreas Amrhein, einem Benediktiner aus Beuron, der dort seinen Plan verwirklichte, ein Missionskloster zur Aussendung von Mönchen nach Afrika und Asien aufzubauen. Amrhein griff zurück auf das frühmittelalterliche Mönchstum. Zahlreiche junge Männer aus allen Berufen begeisterten sich damals für seine Idee, obwohl das Leben in den ersten Jahren hart war: Felder und Moore mussten in kurzer Zeit kultiviert, die Landwirtschaft, das Kloster mit der Kirche, den Werkstätten und Seminarräumen neu errichtet werden. Dennoch reiste bereits 1887, ein Jahr nach der Gründung, die erste Missionsexpedition nach Daressalam, die Hauptstadt des damaligen Deutsch-Ostafrika, heute Somalia.

Die St. Josephskathedrale, die von den Ottilianern dort von 1897 bis 1902 errichtet wurde, ist noch heute das Wahrzeichen von Daressalam.

Berufung und Idealismus

Gründung und Missionsberufung von St. Ottilien fielen eng zusammen mit der nationalen Aufbruchsbewegung im späten 19. Jahrhundert und einer Wiedererweckung christlicher Ideale. Beide Strömungen fanden fruchtbare Resonanz sowohl bei der damals auf dem Land noch vorherrschenden bäuerlichen Großfamilie, als auch bei den sich neu bildenden städtischen Bildungsbürgerschichten. In den Klöstern, vor allem aber in einem sich neu formierenden Kloster wie St. Ottilien, fanden viele, was sie suchten: Aufgaben, Bildung und vor allem geistliche Orientierung in einer gemeinsamen Ausrichtung auf Gott. Es sind die gleichen Motive, die auch mich hierhergezogen und an das Kloster gebunden haben.

Der Idealismus der in die Mission gesandten jungen Mönche forderte freilich auch zahlreiche Opfer: Aufstände, Krankheiten und Überfälle kosteten vielen das Leben. Das Ende des Ersten Weltkrieges bedeutete zudem für viele Mitbrüder Internierung und das vorläufige Ende ihrer Aufbauarbeit. Erst 1926 durften wieder deutsche Mitbrüder in die nun englisch gewordene Kolonie Tanganjika einreisen. Die Ottilianer behielten die Südprovinz des riesigen Gebietes, vom Indischen Ozean bis zum Nyassasee reichend, sie wurde von den zwei Missionsabteien Peramiho und Ndanda intensiv missioniert. Auch sind zwei rein tansanische Abteien herangewachsen. Heute sind daraus sechs Diözesen entstanden, meist unter einheimischen Bischöfen. Die in Ostafrika ausgewiesenen Missionare unter Bischof Thomas Spreiter OSB übernahmen 1926 die Mission Zululand in Südafrika. Seit 1975 steht auch hier der Diözese ein Zulu-Bischof vor.

Die Erzabtei St. Ottilien, von Osten im Abendlicht

Opfer und neuer Beginn im Fernen Osten

Ein noch weiter entfernter Schwerpunkt der von St. Ottilien ausgehenden Missionsarbeit war der Ferne Osten. Seit 1920 bauten sie
das Vikariat Wonsan im nördlichen Teil des damals noch ungeteil-
ten Korea auf und errichteten Stationen sowie die Abtei Tokwon.
Im angrenzenden Nordchina, in der Mandschurei, wuchsen Abtei
und Diözese Yenki (heute Yanji) heran und blühten. All das wurde
hinweggespült von den Wirren der kommunistischen Machtübernahme in beiden Ländern. Die Missionare Nordkoreas wurden 1949
festgenommen, jahrelang in Gefängnissen und Lagern festgehalten und schließlich in die Heimat abgeschoben. Ein Drittel von ihnen starb gewaltsam, vor Hunger oder Erschöpfung. Für 35 Mitbrüder und Schwestern wurde 2009 der Seligsprechungsprozess
eingeleitet. Die Überlebenden gründeten in Südkorea die Abtei
Waegwan, inzwischen eine der größten Benediktinerabteien weltweit, deren Mitglieder heute fast ausschließlich Koreaner sind. Nur
fünf Deutsche leisten dort noch ihre Dienste.

Der Klosterweiher mit der kleinen Insel, offener Konzertsaal für die Weiherserenaden

Mit den Aufgaben gewachsen

Obwohl das Kloster St. Ottilien ständig wuchs – im Jahr 1930 auf nahezu 400 Patres und Brüder – und entsprechend erweitert wurde – sowohl im geistlichen Bereich, der Priester- und Missionarsausbildung, wie in der Ökonomie und den Werkstätten – forderten die wachsenden Missionsaufgaben, die heimatliche Basis zu erweitern. Dem ersten Erzabt, Dr. Norbert Weber (1903–31), war es deshalb ein besonderes Anliegen, Tochterklöster zu gründen: Die Abtei Münsterschwarzach am Main in Unterfranken, die Abtei Schweiklberg in Vilshofen an der Donau, die Abtei Königsmünster in Meschede im Sauerland, und außerhalb von Deutschland die Abteien Otmarsberg in Uznach/Schweiz, St. Pauls Abbey Newton in New Jersey/USA, San José in Caracas/Venezuela und später das alte Stift St. Georgenberg/Fiecht in Tirol/Österreich, dem hier ein eigenes Kapitel gewidmet ist.

Für die schulische Ausbildung des Klosternachwuchses wurde bereits 1910 ein Buben-Internat gegründet. Heute ist das Rhabanus-Maurus-Gymnasium eine humanistisch-neusprachliche, staatlich anerkannte kirchliche Schule mit 700 Schülerinnen und Schülern und weithin hohes Ansehen genießt.

Das schulische Leben bestimmt heute neben der klösterlichen Spiritualität, der handwerklichen Betriebsamkeit und der Landwirtschaft den weltoffenen Geist des Klosterdorfes als lebendige, multikulturelle Gemeinde. Ganzjährig bietet die Erzabtei in einem 2006 bis 2008 grundlegend renovierten Gebäude zahlreiche Exerzitienkurse an, die von mehr als 4000 Gästen besucht werden. Auch sie tragen dazu bei, den lebendigen Dialog mit allen Alters- und Gesellschaftsgruppen zu pflegen.

Im Mittelpunkt des geistlichen Klosterlebens steht aber die von 1897 bis 1899 erbaute Herz-Jesu-Klosterkirche. Im gebundenen System der frühen Zisterzienserkirchen als dreischiffige basilikale Anlage errichtet, ist sie zugleich Klosterkirche wie Volkskirche. Die klare, feierliche Architektur spricht auch nach der Renovierung in den 80er Jahren für sich. Wichtigster Raumschmuck ist der Hochaltar mit dem reich geschmückten Baldachin-Ziborium nach altchristlichem Vorbild. Unter den Seitenaltären sind der Marienaltar mit seiner edlen spätgotischen Marienstatue und der Herz-Jesu-Altar mit seinem Gemälde aus der Beuroner Kunstschule besonders hervorzuheben. Die architektonisch bedeutsame Krypta wurde 1947 ebenfalls im Beuroner Stil ausgemalt. Im Untergeschoss des Sakristeibaus ist heute das Missionsmuseum beheimatet.

Wenn auch nicht von hoher kunstgeschichtlicher Bedeutung durch eine lange Geschichte, so ist die Abteikirche doch ein bedeutendes Werk der neueren Kirchenbaukunst.

Eine schwere Finanzkrise, die Ende der 1920er Jahre das Kloster bedrohte, führte 1930 zur Ernennung von Chrysostomus Schmid zum neuen Oberen des Klosters und der Kongregation. Seine Regierungszeit wurde durch den Aufstieg der Nationalsozialisten und den Ausbruch des Zweiten Weltkriegs überschattet. 1941 hob die Geheime Staatspolizei das Kloster auf; die vertriebenen Mönche konnten erst nach Kriegsende 1945 wieder nach St. Ottilien zurückkehren. Bis 1948 diente ein Teil des Klosters als Hospital für befreite KZ-Häftlinge, wovon ein jüdischer Friedhof heute noch zeugt. 1957 resignierte Erzabt Chrysostomus Schmid († 1962).

An seine Stelle trat Heinrich Suso Brechter (1957–74). In seine Amtszeit fiel vor allem die große Neuorientierung des II. Vatikanischen Konzils. Die Turbulenzen dieser Jahre überstand die Gemeinschaft ohne größere Verluste.

Erzabt Viktor Dammertz (1975–77) wurde nach nur zwei Jahren an die Spitze der Benediktinischen Konföderation gewählt, der er bis 1992 als Abtprimas vorstand. Ende 1992 ernannte ihn der Papst zum Bischof von Augsburg. Als sein gewählter Nachfolger amtierte ich von 1977 bis 2000 als Präses und Erzabt von St. Ottilien.

Als ich am 7. September 2000 zum Abtprimas des Benediktinerordens gewählt wurde, ergab sich für St. Ottilien am 5. Oktober eine außerordentliche Neuwahl, aus der P. Jeremias Schröder als neuer Erzabt hervorgegangen ist. Am 28. Oktober wurde er von unserem Mitbruder und Vor-Vorgänger Bischof Viktor-Josef Dammertz geweiht. Als 2012 das Amt des Abtpräses der weltweiten Kongregation von dem des Erzabtes von St. Ottilien getrennt und Jeremias Schröder zum Abtpräses gewählt wurde, wird P. Wolfgang Öxler zu seinem Nachfolger gewählt und am 19. Januar 2013 vom Augsburger Bischof Konrad Zdarsa benediziert.

Im Lauf von 130 Jahren ist St. Ottilien ein Klosterdorf geworden – mit Gymnasium, Exerzitien- und Gästehäusern, einem Verlag, zahlreichen Werkstätten, einer großen Landwirtschaft und Gartenbau. Der älteste Gebäudeteil wurde 1892 von Andreas Amrhein entworfen. 1911 und 1955 wurden neue Klosterflügel errichtet, in denen eine Krankenabteilung, die Bibliothek, das Refektorium, Büros und rund 60 Mönchszellen untergebracht sind.

St. Ottilien, die Erzabtei der Missionsbenediktiner, das Klosterdorf, ist in den 130 Jahren seiner Geschichte zu einem geistlichen Zentrum von überregionaler, ja weltweiter Bedeutung gewachsen. Es ist das Werk von vier Generationen von Gottsuchern. Für mich ist St. Ottilien Heimat, örtlich und geistlich. Als Besucher können Sie dort den idealistischen, spirituellen Geist seiner Gründer und gleichzeitig den Aufbruch in die Welt der offenen Begegnung und des Dialogs erspüren, auch können Sie Ihren eigenen Geist auffrischen und neu entdecken. Kommen Sie, sehen Sie und spüren Sie! Und besuchen Sie auch das Missionsmuseum mit seinen reichen Exponaten aus Afrika und Ostasien.

Liturgie in der Klosterkirche vor dem Ziborium-Hochaltar

Kloster St. Ottilien – das geistliche Dorf

1365 wird eine Wallfahrt zur hl. Ottilie auf der Hofmark Emming nordwestlich des Ammersees überliefert

1886 gründet P. Andreas Amrhein, ein Benediktiner aus dem Kloster Beuron, ein Kloster mit dem Ziel, Brüder zur Mission nach Afrika und Asien auszusenden

1887 landet die erste Missionsexpedition in Daressalam, heute Somalia, und beginnt mit dem Aufbau einer Missionsstation mit der Klosterkirche St. Joseph, die 1902 eingeweiht wird

1897–99 wird die Klosterkirche von St. Ottilien erbaut und dem Heiligen Herzen Jesu geweiht

Ab 1903 Gründung von Tochterklöstern: Münsterschwarzach in Unterfranken, Schweiklberg bei Vilshofen und Königsmünster bei Meschede im Sauerland. In den folgenden Jahren und Jahrzehnten kommen das Priorat Otmarsberg in Uznach/CH, St. Pauls Abbey Newton N.J./USA, die Abtei San José in Caracas/Venezuela sowie das Priorat Damme/Belgien hinzu

1910 Aufbau eines Buben-Internats zur Heranbildung des Klosternachwuchses (heute Rhabanus-Maurus-Gymnasium mit 700 Schülerinnen und Schülern)

1915 der Erste Weltkrieg führt zur Ausweisung der Mönche aus dem ehemaligen Deutsch-Ostafrika

Seit 1920 entsteht das Vikariat Wonsan im heutigen Nordkorea. Von dort aus wird die Abtei Tokwon, ebenfalls im nördlichen Korea, gegründet. In der angrenzenden Mandschurei, in Nordchina, wachsen das Priorat und die Abtei Yenki heran

1926 können die deutschen Missionare wieder in die jetzt englische Kolonie Tanganjika einreisen. Ein Teil der ausgewiesenen Brüder gründet in Südafrika die Mission Zululand, heute eigenständiges Bistum

1941 heben die Nationalsozialisten das Kloster auf. Ein Teil wird bis 1948 als Hospital für befreite KZ-Häftlinge genutzt (Jüdischer Friedhof)

1945 kehren die vertriebenen Mönche nach St. Ottilien zurück

1946 werden die Klöster in Nordkorea und in Nordchina durch die kommunistische Machtübernahme gewaltsam aufgelöst. Die meisten Mönche werden verhaftet, sterben in Gefängnissen und Lagern an körperlichen Gewalt oder vor Hunger und Erschöpfung; andere werden abgeschoben. Die Überlebenden gründen in Südkorea die Abtei Waegwan

1961 gründen Ottilianer-Mönche ein Priorat auf dem Jakobsberg bei Bingen

1967 schließt sich das Kloster St. Georgenberg/Fiecht im Tiroler Inntal der Ottilianer Kongregation an (siehe eigenes Kapitel)

2009 zwei Mitbrüder betreuen in Monte Irago/Spanien die Pilger auf dem Jakobsweg nach Santiago de Compostela

2009 wird für 35 Mitbrüder- und -schwestern der ehemaligen Klöster in Nordkorea der Seligsprechungsprozess eingeleitet

Seit 2009 Aufbau des Priorates »Erscheinung des Herrn« in Havanna/Kuba

BESONDERS SEHENSWERT

Abteikirche zum Heiligsten Herzen Jesu mit Krypta im neugotischen Stil mit Ziborium-Hochaltar und Altarbildern aus der Beuroner Schule

Ottilienkapelle mit gotischem Wallfahrtsbild

Missionsmuseum (Ethnische Sammlung aus 120 Jahren Missionsarbeit in Afrika und Asien)

Homepage: www.ottilien.de

KLOSTER WELTENBURG AN DER DONAU
Oft bedroht, niemals untergegangen

Der Ort ist ein Naturereignis, das mich immer wieder aufs Neue einnimmt. Umflossen von einer Schleife der Donau, angeschmiegt an den Strom, der sich hier mit schnellen Fluten durch das enge Tal zwischen den steilen Felsen des fränkischen Jura durchschlängelt, durchkämpft, liegt, irgendwie schutzbedürftig und doch wehrhaft, ein Kloster.

Weltenburg ist seit dem 8. Jahrhundert ein Benediktinerkloster. Allerdings ist Weltenburg nicht von Benediktinern gegründet worden, und sie hätten, das kann man mit einiger Gewissheit annehmen, das Kloster auch nicht an dieser Stelle gegründet, direkt am Wasser. Vielmehr wäre es nach benediktinischer Tradition wohl fünfzig Meter höher, auf dem Frauenberg entstanden, wo seit der Zeit um 700 n. Chr. auf den Fundamenten eines römischen Minerva-Tempels ein Marienheiligtum errichtet wurde. Der Frauenberg wiederum war, wie seit Ausgrabungen im Jahr 1917 gesichert ist, bereits in vorchristlicher Zeit besiedelt.

Die Gründung von Weltenburg geht vielmehr auf die iroschottischen Kolumbanermönche Eustasius, Agilus und Gefährten im Jahr 617 n. Chr. zurück. Erst in der Zeit Herzog Tassilos III. (741–796) nahmen die Mönche in Weltenburg die Benediktsregel an. Dennoch gilt nach allen vorliegenden Forschungen Weltenburg als die älteste nachweisliche Klostergründung in Bayern.

Ein elysischer Fleck in strategisch günstiger Lage

Die Frage, warum ein Kloster so nahe am unsicheren Wasser gebaut wurde, lässt sich also nicht mehr mit Gewissheit klären. War es die Schönheit des Ortes, seine strategische Lage für die zahlreichen Flößer, die damals hier den Donaudurchbruch passierten und eine Sandbank zum Anlanden vorfanden, war es einfach Gottvertrauen? Vielleicht war es die Verbindung all dieser Gedanken, die uns heute

Blick vom Zentralraum in den Altarraum mit dem Bühnenaltar

Kuppelfresko mit dem zentralen Thema der verklärten triumphierenden Kirche

fenen Kuppel das farbenprächtige, mehr als 300 Quadratmeter
große Fresko von Cosmas Damian Asam mit dem allumfassenden
Thema der verklärten triumphierenden Kirche. Der Maler-Architekt
griff hier bei der Lichtführung, eine seiner vielen Besonderheiten,
auf die indirekte Beleuchtung durch zwölf Fenster an der Außen-
wand der Kuppel zurück. Sie sind verdeckt durch einen vorgeblen-

deten Goldreif, der von Engeln getragen wird. Auf der Balustrade sitzt auch der Künstler, dargestellt mit einer Allongeperücke nach damaliger Mode und auf die Gemeinde mit großer Geste herunterlächelnd, als würde er uns sagen: »Euch zur Freude – hab ich das nicht fein gemacht?« Hinter ihm, beinahe versteckt, ein freskierter Flügelengel mit den Gesichtszügen seines Bruders Egid Quirin.

Heiliges Theater auf der Altarbühne

Dann richtet sich der Blick auf einen Höhepunkt barocker sakraler Kunst: Den Hochaltar, eine Bühne für eine heilige Szenerie: Aus strahlendem Licht reitet St. Georg in der Rüstung eines römischen Ritters wie durch eine Ehrenpforte in den Altarraum. Da scheut das Pferd. Drohend bäumt sich der Drache auf, die Prinzessin flieht mit Schrecken. Mit großer, eleganter Geste senkt St. Georg seine Lanze gegen das Ungeheuer, während sich ihm rechts in dankbarer Haltung St. Maurus (der die Züge des Bauherrn Abt Maurus Bachl trägt) zuwendet. Im Hintergrund strahlt das Fresko der Immaculata, die sich zu Gottvater erhebt.

Der dramatische Drachenkampf auf offener, hell erleuchteter Bühne steht hier für den ewigen Kampf des Guten gegen das Böse. Die Meisterschaft der Asam-Brüder, Allegorien in für alle Gläubigen fassbare Lebenswirklichkeit zu übersetzen, drückt sich hier nicht nur unerreichter künstlerischer Gestaltung aus, sondern auch in tiefer Frömmigkeit, die jeden Betrachter umschließt. Auch in der Zeit barocker Bau- und Dekorationsfreude war diese Form eines frommen Spektakels, wie sie uns hier in Weltenburg (und im benachbarten Kloster Rohr, und in anderen Asam-Kirchen wie in Osterhofen, Straubing und München) begegnet, innovativ, ja revolutionär. Eine Kirche als Theatrum sacrum! Die Menschen haben es geliebt, und wir lieben es noch heute. Wann begegneten uns früher Menschen der Zeitgeschichte so lebendig in einer Kirche?

Zum Glück ist das Kloster Weltenburg als Ensemble über die Zeit der Säkularisation nahezu unbeschadet hinweggekommen. Die Abteikirche wurde neun Jahre später, 1812, Pfarrkirche, und der ebenso in der Barockzeit neu errichtete Klosterkomplex blieb erhalten. Bereits 1842 wurde Weltenburg als eines der ersten bay-

Detail aus dem großen Deckenfresko

erischen Benediktinerklöster von König Ludwig I. als Priorat wieder errichtet. Auch die zahlreichen Hochwasser und Eistreiben haben es seither nur beschädigt, aber niemals untergehen lassen.

Ein Ort zum sich Wohlfühlen

Ein guter Grund, nach Weltenburg zu pilgern, sei hier nicht unerwähnt: Im schattigen Klosterhof, vor der Fassade der Klosterkirche, lässt es sich wunderbar einkehren bei süffigem dunklen Weltenburger Klosterbier, das hier seit dem Jahr 1050 gebraut wird. Leib und Seel gehören auch hier untrennbar zusammen. Das macht ganz besonders den Geist des Ortes aus. Ich lade Sie ein, sich hier ebenso wohl zu fühlen wie ich, jedes Mal, wenn ich hier sein darf.

Kloster Weltenburg an der Donau –
oft bedroht, niemals untergegangen

ECKDATEN AUS DER GESCHICHTE

617 lassen sich die iroschottischen Kolumbanermönche Eustachius und Agilus mit Gefährten an der engen Stromschleife am Donaudurchbruch nieder und gründen eine klösterliche Missionsgemeinschaft

Um 700 wird der Überlieferung nach auf den Fundamenten eines früheren römischen Minerva-Tempels auf dem Frauenberg ein Marienheiligtum errichtet.
In der Zeit Herzog Tassilos II. nehmen die Mönche von Weltenburg um 760 die Benediktsregel an

1191 wird die langgestreckte romanische Klosterkirche geweiht

1716 grundlegender Neubau von Kloster und Abteikirche unter Abt Maurus Bächl durch die Brüder Egid Quirin und Cosman Damian Asam aus München

1803 wird das Kloster säkularisiert, 1842 als Priorat wiedererrichtet

1913 wird Weltenburg wieder Abtei

BESONDERS SEHENSWERT

Klosterkirche St. Georg und St. Martin: Fassade im Stil des römischen Hochbarock, Innenraum als Theatrum sacrum mit Bühnenaltar

Eventuell: Spaziergang zum Frauenberg; Fahrt durch den Donaudurchbruch/Anlegestelle Weltenburg/Klosterschenke

Frauenbergkapelle mit Oberkirche von 1713 und Rokoko-Altar und Marien-Gnadenbild von 1460–70.

Homepage: www.kloster-weltenburg.de

WESSOBRUNN
Der Geist des Gebets

Gewiss haben auch Sie ihren ganz persönlichen Ort, bei dem Ihnen jedes Mal, wenn Sie sich ihm nähern, buchstäblich »das Herz aufgeht«. Wessobrunn gehört für mich zu diesen Orten, denn jedes Mal, wenn ich, von Norden kommend, an der Kreuzbergkapelle vorbei hinunterfahre zum alten Klosterbezirk, den Hohen Peißenberg vor mir und dahinter das prächtige Alpenpanorama, bin ich immer neu fasziniert.

Wessobrunn, diese Wiege monastischen Lebens und christlicher Kultur in Bayern, ist mir nicht nur ans Herz gewachsen, weil wir Ottilianer hier ein Wirtschaftsgut und ein Jugend-Freizeitzentrum besitzen, sondern vielmehr auch, weil es der Ursprungsort eines der sprachmächtigsten Gebete ist, die ich kenne:

> *»Das erfuhr ich unter den Menschen als die größte aller*
> *Erkenntnisse*
> *Dass die Erde nicht war, noch der Himmel*
> *Noch Baum, noch Berg*
> *Noch irgendein Stern*
> *Noch schien die Sonne*
> *Noch leuchtete der Mond, noch war das herrliche Meer,*
> *Als da nichts war von Enden und Grenzen,*
> *Da war der eine allmächtige Gott*
> *Der Männer mildester ...«*

So beginnt das »Wessobrunner Gebet«, das älteste deutsche Sprachzeugnis mit christlichem Inhalt des um 814 entstandenen Codex aus der ehemaligen Klosterbibliothek Wessobrunn.

Um diese Zeit muss das Benediktinerkloster hoch über dem Ammertal, an den Nordausläufern des Hohen Peißenbergs, bereits geblüht haben. Zur Gründungsgeschichte ist eine reizvolle Legende überliefert: Der Bayernherzog Tassilo III., letzter Herrscher aus dem Geschlecht der Agilolfinger, soll bei der Jagd im hiesigen Rottwald eingeschlafen sein und von einer Himmelsleiter und drei

Die 800 Jahre alte Tassilolinde bei Wessobrunn

in Kiew und Lemberg, und in Mittel- und Südamerika, in Mexiko und Peru.

Wie jede Epoche, auch in der Kunstgeschichte, einmal abklingt und eine Art Gegenbewegung auslöst, so brachte der heraufziehende Klassizismus ein langsames Ende der barocken Kunst. Die Zeit der Wessobrunner aber hat bis heute unser Land bereichert und geprägt, indem sie uns zahlreiche wunderbare Bau- und Kunstwerke geschenkt hat.

Ein jähes Ende jeder *ars sacra* kam dann allerdings erst mit der Säkularisierung ab 1803, die nicht nur jede Bautätigkeit zum Erliegen brachte, sondern auch viel zerstörte, was in Jahrhunderten zuvor geschaffen worden war.

Für das Kloster Wessobrunn, das ehemalige Reichskloster mit einer der bedeutendsten Bibliotheken seiner Zeit, bedeutete die Säkularisation das Ende einer mehr als 1000-jährigen fruchtbaren Arbeit: Die Klosterkirche und große Teile des Klosters wurden abgerissen und als Baumaterial in der nahegelegenen Kreisstadt Weilheim verwendet. Die Kunstgegenstände zerstreut, soweit sie nicht in Museen gelangten, und viele Bücher der mehr als 30 000

Das Brunnenhaus mit den drei Quellen

Folianten umfassenden Bibliothek sogar in Weilheimer Straßen unterpflastert. Fragmente davon kamen bei Rohrleitungsbauten in den 90er Jahren des letzten Jahrhunderts wieder zum Vorschein. Welche Kulturschande!

Die vielen Kulturreisenden, die heute nach Wessobrunn kommen, suchen und finden den *Spiritus loci* in der intakten Natur, der ländlichen Stille und den Hinweisen auf eine ehemals blühende Kultur des klösterlich-künstlerischen Lebens. Sie sehen den aus dem Mittelalter überkommenen Grauen Herzog, den Wehrtum der früheren Klosterkirche, sie sehen die barocke ehemalige Friedhofskirche, die heutige Pfarrkirche St. Johann-Baptist, einen stattlichen Saalbau mit hervorragenden Stuck- und Freskoarbeiten von Tassilo Zöpf und Johann Bader, einen monumentalen romanischen Holzkruzifixus und ein zur Meditation einladendes Bild der Muttergottes als »Mutter der schönen Liebe«.

Nördlich der Kirche führt eine Brücke über den Klosterteich zum Brunnenhaus mit den drei sagenhaften Quellen aus der Zeit der Klostergründung. Östlich davon führt der Wanderweg zur ebenfalls sagenumwobenen Tassilolinde, einem mächtigen Baum, der zwar nicht aus der Gründerzeit im 8. Jahrhundert stammt, aber mit gut 800 Jahren den größten Teil der Klostergeschichte erlebt hat. Vom Kloster selbst ist nur der Prälaturflügel erhalten mit dem prächtig stuckierten Tassilosaal und dem nicht minder üppig ausgestalteten Gang im Gästetrakt, der bis zum Jahr 2012 von Tutzinger Benediktinerinnen bewohnt wurde. Mit ihnen ging auch die mehr als 1200-jährige Geschichte des Klosters Wessobrunn als Ordensstätte zu Ende. Der alte Klosterkomplex wird künftig zu Teilen privat genutzt.

Wessobrunn selbst wäre allein aber unvollständig ohne die im Umkreis von wenigen Kilometern bestens erhaltenen Werke seiner Künstler: die Wallfahrtskirche St. Leonhard im Forst, die Wallfahrtskirche Vilgertshofen, die Wallfahrtskirche auf dem Hohen Peißenberg, die ehemalige Klosterkirche in Rottenbuch, die Basilika St. Maria in Dießen und das im Tal liegende ehemalige Chorherrenstift Polling. Auch in diesen Kirchen begegnen wir dem Geist der fröhlichen Verherrlichung Gottes und seiner Heiligen in der überschwänglichen Kunst der Wessobrunner.

Das Ende des Wessobrunner Gebets, heute eines der wertvollsten Exponate in der Bayerischen Staatsbibliothek in München lautet:

»... und da waren auch viele mit ihm ruhmvolle Geister und der heilige
Gott. Gott allmächtiger, Du Himmel und Erde gewirktest
Und den Menschen so mannig Gut vorgabest
Gib mir in Deiner Gnade rechten Glauben
Und guten Willen, Weistum und Spähe (Weitblick)
Und Kraft, Teufeln zu widerstehen
Und Arg abzuweisen und Deinen Willen zu wirken.«

Wessobrunn – der Geist des Gebets

753 der Überlieferung nach gründet Herzog Tassilo III., der letzte aus dem Geschlecht der Agilolfinger das Kloster an dem Ort, an dem sein Jäger Wezzo drei Quellen entdeckt. Es genießt fortan die besondere Aufmerksamkeit des Herrschers, indem es zuerst zu den herzoglichen, später zu den königlichen Eigenklöstern zählt. Besiedelt wird es vom zehn Jahre älteren Kloster Benediktbeuern aus, das mit dem zeitgleich gegründeten Kloster Tegernsee für sich in Anspruch nehmen kann, das älteste der Benediktinerklöster vor den Alpen zu sein. Ihre wichtigste Aufgabe ist/war es, zuerst das »Wildland« der Gegend zu roden und urbar zu machen.

Ab 1670: Epoche der »Wessobrunner Schule« Um die ab 1670 einsetzenden Neubau-Aktivitäten, die dritte vollständige Renovatio des Klosters, rankt sich wiederum eine Legende: Mit den letzten Mitteln des vergrabenen Klosterschatzes soll Abt Leonhard Weiss die Brüder Johann und Joseph Schmuzer aus dem naheliegenden Klosterdorf Haid nach Rom gesandt haben, um dort die zeitgenössische Architektur und Dekorationskunst zu erlernen. Ähnliches Mäzenatentum ist übrigens von den Brüdern Cosmas Damian und Egid Quirin Asam aus Benediktbeuern bekannt, die vom Tegernseer Abt Quirin als Hochbegabte zum Studium nach Rom geschickt wurden.

1675 Nach ihrer Rückkehr um das Jahr 1675 sollen die Brüder in den noch nutzbaren Klostergebäuden eine »Stukkadorer-Schola« errichtet haben, die sich in der Folge des Zulaufs vieler junger Männer aus dem Klostersprengel erfreute, die dort, vor allem im Winter, das Kunsthandwerk erlernten. Näherliegender ist wohl, dass die ersten Wessobrunner Künstlerfamilien, die Schmuzer, die Feichtmayr und in deren Folge auch die Brüder Dominikus und Johann Baptist Zimmermann, ihre großen künstlerischen Fähigkeiten bei den damals in München und Südbayern tätigen italienischen Baumeistern Agostino Barelli und Enrico Zuccalli beim Bau der Theatinerkirche sowie beim Füssener Architekten Johann Jakob Herkomer erworben hatten. Mit der barocken Kunstfertigkeit der Wessobrun-

ner Schule, die sich in ihren Erstlingswerken, in Wessobrunn selbst und in der nahegelegenen Wallfahrtskirche Vilgertshofen manifestierte, begann dann ein erstaunliches Aufblühen der neuen Kunstepoche: Vom »Pfaffenwinkel« zwischen Ammersee und den Alpen aus, der klosterreichen Heimat der Wessobrunner, verbreitete sich der *barocco*, der runde, geschwungene Stil, rasch über ganz Südbayern aus, bis zu den Dorfkirchen und Kapellen.

1780 Zu dieser – heute würde man sagen: Sonderkonjunktur – trug nicht unmaßgeblich das benediktinische Netzwerk bei, das seine Künstler von Kloster zu Kloster, von Stift zu Stift weiterempfahl. Dieser »Barock-Boom« währte gut 100 Jahre, zwischen 1675 und 1780, und beschäftigte allein in Wessobrunn und Umgebung bis zu 1000 Menschen, Architekten und Baumeister, Kistler (Schreiner), Maler, Stuckateure, Vergolder und deren Hilfskräfte. Um Arbeitsgemeinschaften zu bilden, organisierten sie sich oft in »Compagnien«, in der heutigen Zeit wären sie »Generalunternehmer«.

BESONDERS SEHENSWERT

Pfarrkirche St. Johann-Baptist

Kreuzbergkapelle

Wallfahrtskirche Mariä Schmerzen in Vilgertshofen

Homepage: www.ammersee-region.de/kloster-wessobrunn.html

DIE WIESKIRCHE
Wo das Glück wohnt

Die Kirche auf der Wiese ist mir seit Kindestagen ein vertrauter, ja geliebter Ort, seit meinen ersten Bittgängen und Wallfahrten mit den Eltern in den 1950er Jahren. Ihr spiritueller Reichtum, ihre wahre Schönheit und nicht zuletzt ihre volkstümlichen, bäuerlichen Wurzeln haben sich mir jedoch erst viel später erschlossen.

Zuerst ein freilich nicht immer wohlfeiler Rat: Wenn Sie es sich einrichten und vorhersehen können, suchen Sie die »Wies« nur bei schönem Wetter auf. Bei meinem letzten Besuch an einem zunächst durchwachsen-sonnigen Tag im Juni mit typischem Allgäuer Wettersturz überkam mich großes Mitleid mit diesem Weltkulturerbe, fast wie mit dem gegeißelten Heiland im Hochaltar: Ein heftiger Gewitterschauer überraschte mich und meine Gäste, die mich so drängend um den Ausflug ins Allgäu gebeten hatten, mitten auf dem Weg vom Parkplatz zur Kirche – und mit uns noch eine gute Hundertschar weiterer Ausflugspilger.

Da standen wir, vor Nässe triefend, im Vorraum der Kirche, in die wir uns alle geflüchtet hatten, und unter uns bildeten sich große Pfützen auf dem Steinboden. Alles dampfte. Ich empfand irgendwie Mitleid und dachte: Wie viel muss diese Kirche ertragen? Jährlich mehr als eine Million Besucher. Erst vor zehn Jahren war sie mit großem Aufwand renoviert worden, weil das riesige Fresko von Johann Baptist Zimmermann unter den jahrelangen Erschütterungen tieffliegender Kampfjets herabzustürzen drohten; das kunstvoll konstruierte Lattengewölbe konnte den Putz, in den der Künstler seinen Himmel gemalt hatte, nicht mehr tragen. Während der Arbeiten musste die Kirche einige Wochen geschlossen bleiben, was heftige Unmutsreaktionen vor allem bei Busunternehmern auslöste – die Wies ist schließlich eines der beliebtesten Ausflugsziele, wie die nahen Königsschlösser bei Füssen.

Natürlich ist die Wies, die noch immer solitär auf der grünen Wiese vor den Ammergauer Trauchbergen steht, wie zur Zeit ihrer Erbauung derartige Besucherströme gewohnt. Schließlich ist sie

Blick in den lichtdurchfluteten Gemeinderaum der Wies

eine Wallfahrtskirche, die Wallfahrtskirche zum gegeißelten Heiland. Es ist eine junge Wallfahrt, aber bereits zur Übertragung des Gnadenbildes in den Chor der Kirche im Jahr 1749 strömten Prozessionen mit mehr als 10 000 Gläubigen herbei. Wer sich der Wies heute über die gutausgebaute Zufahrtstrasse nähert, ist überrascht von ihrer Größe und je mehr man sich ihr nähert, desto größer werden auch Andacht und Ehrfurcht. Dies ist schon äußerlich ein Bauwerk, von dem die Dichter schwärmten und ihr Prädikate wie »die schönste Kirche im Oberland« (Peter Dörfler) oder »Perle des Rokoko« (Josef Hofmiller) verliehen.

Das hohe Satteldach, der Volutengiebel der Westfront, durch Säulen und Pilastern gegliedert, die so originale wie anmutige Anordnung und Form der Fenster, die elegante Turmhaube, in jedem Detail wirkt der große Baukörper leicht, fast spielerisch aufgelöst. Die Wies ist fast mehr ein Schloss als ein Haus Gottes. Schon ihr Anblick macht froh und lässt noch mehr glückliches Schauen erwarten.

Der Geist der Wies': die Begegnung mit dem mitleidenden, barmherzigen Sohn Gottes

Wer eintritt, wird sogleich von einem Raum umfasst, der nur noch gläubiges Staunen lässt. Bei der prachtvollen Fülle aller gestalterischen Details richtet sich der Blick doch zuerst nach oben, in die Kuppel des Hauptschiffes, das vom großen Deckenfresko Johann Baptist Zimmermanns ausgefüllt wird. Es ist, als täte sich der Himmel auf, und dies ist auch das Thema: In zarten, hellen, überwiegend in Blau und Gold gehaltenen Tönen zeigt uns der Künstler die Wiederkunft Christi als Erfüllung seines Erlösungsauftrages. Er kommt auf dem Regenbogen zu uns, begleitet von der Gottesmutter, Cherubim und Seraphim. Noch ist das Tor zur Ewigkeit verschlossen, aber Chronos, der Gott der Zeit, sinkt bereits mit dem Stundenglas zu Boden. In allen vier Himmelsrichtungen setzen Engel ihre Posaunen an, um zum Gericht zu blasen. Dennoch wirkt die phantastische Szene nicht drohend, sondern feierlich-fröhlich.

Der Blick bleibt oben: Im Chorfresko schauen wir, in einer goldunterlegten Glorie die Leidenswerkzeuge Christi im Himmel und gegenüber, über der Orgelempore mit ihrem elegant geschwungenen Prospekt, symbolisiert das Fresko die Gnade der Sündenvergebung mit dem Motiv des ehebrecherischen, musizierenden David.

Die Architektur, wie auch die Ausstattung der Wieskirche, sind tiefer zu verstehen, wenn man ihren Zweck, ihre Bestimmung in Betracht zieht. Bei allem Wünschen des Bauherren, hier einen Festsaal Gottes, einen Raum des ehrfürchtig-kindlichen Staunens vor der liebenden Barmherzigkeit Gottes zu schaffen, durften doch auch die Anforderungen an eine Wallfahrtskirche nicht außer Acht gelassen werden. Deshalb die dreischalige Form des Innenraums, eine durch Doppelsäulen gebildete Umgangszone für die Pilger, deshalb die ausgedehnte Querachse, die den Seitenaltären eine besondere Bedeutung zuweist. Deshalb ist auch das ovale Langhaus in zwei Zonen aufgeteilt: die untere, irdische Zone, weiß dominiert, mit sparsamem Schmuck der Säulenpaare, um sie noch stärker abzusetzen von der Gewölberegion als himmlischer Zone, der reichster, jubilierender Schmuck zukommt.

Die Skulpturen stehen in diesem künstlerischen Gesamtkonzept auf gleicher Stufe: am Hochaltar die lebensgroßen Figuren

Das Gnadenbild am Hochaltar: der gegeißelte Jesus Christus

der Propheten Jesaja und Malachias, zwischen den Säulen treten die vier Evangelisten hervor. Geschaffen hat sie der damals in
Augsburg lebende Holländer Ägid Verhelst. Die vier Kirchenväter
Ambrosius, Hieronymus, Augustinus und Gregor der Große, an
den mittleren Säulenpaaren im Hauptraum, von ebenso beweg-
tem Pathos, stammen vom einheimischen Bildhauer Anton Sturm
aus Füssen. Die Seitenaltäre – der rechte gestiftet von der Wiesbruderschaft, die um 1770 mehr als 14 000 Mitglieder zählte, der
linke von der Armenseelenbruderschaft – sind elegante Kistlerar-

beiten der Augsburger Schule, gewidmet dem hl. Norbert und der Büßerin Maria Magdalena. Die künstlerische Gestaltung der Kanzel wiederum ließ sich der Baumeister Dominikus Zimmermann nicht nehmen. Sie schwebt, getragen von Putti, wie schwerelos aus der Gewölbezone herab.

Wer die Wies wieder verlässt, tut dies mit geweitetem, leichtem Herzen. Sie spendet allen Freude, dem kunstsinnigen Betrachter, der das aus einem einheitlichen Willen, aus »einem Guss« geschaffene Gesamtkunstwerk bestaunt, wie dem Gläubigen, der ihre Botschaft dechiffriert: Sie ist ein von Menschenhand erschlossener »unerschöpflicher Brunnen der Barmherzigkeit Gottes«, wie es ein unbekannter Theologe einmal ausgedrückt hat.

Und dennoch, bei aller Kunst und herzerfreuender Pracht ist für mich die Wies ein zutiefst volksverbundenes, aus bäuerlicher Frömmigkeit gewachsenes lebendiges Kulturerbe. Ihre geistige Mutter, die Bäuerin Maria Lory, hat ihre frommen Wurzeln gepflanzt, die uns noch heute inspirieren.

Keiner aber hat den Geist des Ortes besser beschrieben, als der Erbauer selbst, Abt Marian II. Mayr, der diese Worte mit seinem Siegelring in eine noch erhaltene Fensterscheibe des Prälatensaales im Priesterhaus eingeritzt hat:

»Hoc loco habitat fortuna, hic quiescit cor«
»An diesem Ort wohnt das Glück, hier findet das Herz Ruhe.«

Die Wieskirche – wo das Glück wohnt

1738 Der Überlieferung nach wurde eine nach künstlerisch-ästhetischen Maßstäben nicht ganz gelungene Karfreitagsprozessions-Figur, gerade weil sie nicht schön und gelungen war, zum Ursprung der Wallfahrtskirche. Die Einödbäuerin Maria Lory (deren Nachkommen in sechster Generation noch heute am Ort leben) nahm die verschmähte Skulptur als Meditationsbild auf. Am 14. Juni dieses Jahres berichteten Beter auf dem Wieshof der Familie Lory von Tränen auf dem Antlitz des gegeißelten Jesus

1745 Das Wunder vom Wieshof verbreitete sich rasch weit über das Allgäu hinaus, und die kleine hölzerne Feldkapelle, die für das Gnadenbild errichtet wurde, konnte schon bald dem Ansturm der Gläubigen nicht mehr standhalten. So entschloss sich der Abt des nahegelegenen Klosters Steingaden, zu dem der Wieshof gehörte, Hyazinth Gassner (1729–45), eine große und würdige Wallfahrtskirche zu bauen und hinterließ diesen Auftrag seinem Nachfolger Marianus II. Mayr (1745–72), der nach dem Plan des hochangesehenen Architekten Dominikus Zimmermann aus Landsberg am Lech (1685–1766) im Jahr 1746 den Grundstein legen ließ. Dominikus Zimmermann, der aus der Wessobrunner Schule stammte, hatte sich bereits einen nachhaltigen Ruf als Schöpfer großer Kloster- und Wallfahrtskirchen wie Siessen und Steinhausen im nahen Schwaben und Günzburg an der Donau erworben. Er arbeitete an vielen seiner Sakralbauten kongenial mit seinem älteren Bruder Johann Baptist (1680–1758), einem gesuchten Freskomaler und Stuckateur, zusammen, so auch hier an seinem letzten großen Werk. Für die dekorative Ausstattung gewannen der Bauherr und der Baumeister neben Johann Baptist Zimmermann den in Augsburg tätigen holländischen Bildhauer Egidius Verhelst und für die Altarblätter den Münchener Hofmaler Balthasar Albrecht. Die Figuren der Nebenaltäre sind Meisterwerke des Füssener Bildhauers Anton Sturm

1749 Nach verhältnismäßig kurzer Bauzeit, die der Einheitlichkeit des Werkes zu Gute kam, wurde der Chor im Jahr 1749 geweiht, das Langhaus im Jahr 1754, die Einrichtung mit dem Orgeleinbau 1757 abgeschlossen. Wie sehr sich Bauherr und Baumeister mit der Wallfahrtskirche in der Wies identifizierten, zeigen die Siegel-ring-Signatur von Abt Marianus im Prälatenhaus »*Hoc loco habitat fortuna, hic quiescit cor*« und der stuckierte Schriftzug »Dominicus Zimmermann, Bavmeister v. Landsperg« unter der Orgelempore

1755 Die Wiesbruderschaft wird ins Leben gerufen. Sie zählt 1770 bereits 10000 Mitglieder

1766 Dominikus Zimmermann starb neun Jahre nach Bauende in dem Haus westlich der Wieskirche, das er sich während der Bauzeit selbst errichtet hatte. Abt Marianus starb 1772 im Exil im Elsass, in das ihn sein Konvent wegen der hohen Schulden durch den Bau der Wieskirche gesandt hatte

2001–2005 Grundlegende Renovierung am Dachstuhl und der Fresken

BESONDERS SEHENSWERT

Basilika mit Fresken

Wanderwege von und nach Steingaden

Homepage: www.wieskirche.de